CUENTOS DELGADOS

Félix Darío Ruggeri
Simona Ruggeri

CUENTOS DELGADOS

Primera edición: enero de 2017

© Comunicación y Publicaciones Caudal, S.L.
© Félix Darío Ruggeri
© Simona Ruggeri

ISBN: 978-84-16824-22-9
ISBN digital: 978-84-16824-23-6
Depósito legal: M-42154-2016

Editorial Adarve
C/ Alameda del Valle 34
28050 Madrid
editorial@editorial-adarve.com
www.editorial-adarve.com

Impreso en España

*Un agradecimiento especial al duende que no conozco.
Gracias de todo corazón.*

INTRODUCCIÓN

Hemos escrito estos relatos con una impostación básicamente clásica, aunque el trabajo en su totalidad sea bastante ecléctico. Nos gustaría relatar de manera sencilla, sin embargo, cuando el contexto lo permite, nos encanta insertar palabras inusuales perdidas a lo largo de la evolución del lenguaje.

El estilo es mudable y diferente para cada cuento, varían las temáticas: góticas, surrealistas, humorísticas, poéticas, religiosas, pasando incluso por la ciencia-ficción. Un universo de diversidad que trae origen a la fragmentación del tiempo actual que nos rodea. En algunos casos el sentido parece permanecer oculto, pero eso está bien, son cuentos, no es necesario aclarar siempre todo. A veces se entiende que hay un significado críptico en el mensaje del relato que todavía se completa y revela en las ilustraciones, de modo que texto e ilustraciones se integran.

Lo que deseamos es atraer y sensibilizar la participación del lector en el mismo momento. No queremos distraerlo con una forma distinta y personal de escribir, sino por medio de las ideas expresadas (o no expresadas) en la narración. Deseamos que el lector sea cómplice y no solo lector, por eso intentamos solicitar su atención con imágenes, para acostumbrarlo a una manera diferente de leer, más atractiva, íntima, participativa, que no requiera esfuerzo y sea divertida, para analizar y descubrir indicios, también en las imágenes.

Queremos que, al final de los cuentos, en el lector permanezca una sensación de recuerdos entretenidos, aunque con retrogusto amargo.

Estimado Lector:

No queremos molestarle con palabras que podrían parecer inoportunas, pero si usted puede leer un solo cuento cada día antes de acostarse, se lo agradeceríamos. Nos gustaría ser el centro de su atención durante el mayor tiempo posible.

Atentamente,

Cuentos Delgados

AZULETE

Cuando los hombres de la Luna subieron a África, les resultó asombroso y raro pensar que bajando por un cráter, uno mismo se podía trasladar a miles de miles de miles de *lunares*[1] al centro de la Tierra, hecho de por sí desconcertante que todavía no ha sido explicado. Pero así ocurrió, y si no fuera por la sorpresa inesperada de encontrarse bajo tierra subiendo, la verdad es que no, no se podían quejar.

«Por fin aquí, en el planeta conocido por poetas y cantores como Azulete», se decían entre ellos tendidos en el suelo mirando la bóveda celeste.

Inspiraron el aire caliente y especiado de la sabana saboreándolo, y retorciendo los labios gruñeron «Mummm».

Al incorporarse por el acre olor, se percataron del fluido guanoso más allá de las nubes de moscas; curiosos, comprobaron también eso con yemas y labios y exclamaron «¡Mahhh!». Mirándose cara a cara reflexionaron sobre lo que habían cantado sus bardos.

Aunque en las rimas instaran a que subieran y no a que bajaran, allí estaban, pero los aledaños no parecían tan acogedores como en sus cuentos.

«Amor pica, amor gladio, amor arma, que nos regañe siempre la verdad; disgregándome, menudo gladiador vuelvo grano y semillas que ni Azulete el bondadoso podría contener.»

Y además.

«Silente Azulete silente, que se cuida de nosotros sumando estrellas fugaces en su ancho vientre...»

---

[1] Unidad de medición lineal en uso entre los selenitas, correspondiente más o menos a 100 pies de *Tyrannosaurus rex*.

¡Todo lo de aquí no existe! Ni negras sombras de la eternidad, ni polvo estelar donde ocultarse al pasar las selenitas, nada de los *Cantos lindos*. Solo rugidos estruendosos y vibraciones agachándonos bajo los helechos al pasar los dinosaurios. Y subidas veloces, encaramándose deprisa a lianas y secuoyas unos centímetros más alto de los que meriendan con las garras.

Aquí está el verdadero Averno enclaustrado del que nos hablaban los antiguos sabios: tierra-suelo fluida que te traga hambrienta, serpientes de llamas ensordecedoras surcando oblicuas bajo el cielo, y después fuego sinfín que todo lo arde.

Cada viviente de este lugar te va buscando, te brama, te desea, te necesita y quiere comerte apasionadamente. Los que vuelan lo desean, los que deslizan, los que nadan, también las plantas lo intentan, siempre, constantemente, ¡comerte!

No hay cráteres para volver a casa, merodeamos Azulete de cabo a rabo y no hay, los que encontramos subiendo montañas empapadas de azufre están llenos de agua de fuego, si están enfadados, la van escupiendo al cielo y vuelve a la tierra roca candente.

¡Dios mío, ninguna duda, seguro que hemos llegado al infierno!

Todo lo que nos rodea inesperadamente apunta gozando a la espera de masticarnos.

No hay manera de volver, aquí estamos...

Somos gente amable y corteses los de la Luna, hasta que dinosaurio se tragó a Eliodoro pensando que era un pimpollo por el color lunar de su epidermis. ¡Vaya, los matamos a todos! Lo mismo les ha ocurrido a los mamuts, han aplastado Amígdala de Osiris. Con sosiego hemos aniquilado tigres de dientes de sable, *archaeopteryx*, cocodrilos jabalí, dedos alados, también plantas que se comen a los niños, a los adultos y a los mayores.

Después, de igual modo los otros. ¡Algo han hecho, así han desaparecido!

Vamos a cambiar este infierno.

Los lunáticos somos hombres honrados que tienen una sola palabra y si no encontramos la manera de volver, pase lo que pase, los eliminamos a todos de aquí, igual que en la Luna.

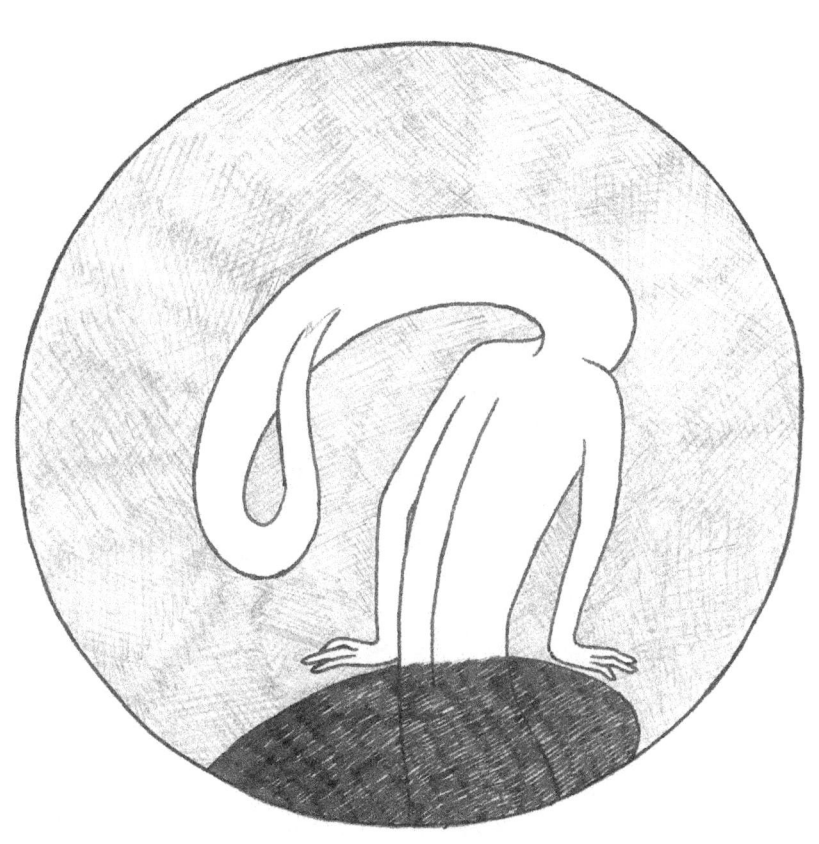

LOS ÁLAMOS LLORAN

Siempre he confiado en mi padre, para mí era el más sabio del mundo y sus palabras me aclaraban los secretos de la vida. La primera vez era muy pequeño y como a todos los niños, la curiosidad me rodeaba, así que mirándolo desde abajo le pregunté:

—¿Papá por qué los álamos lloran?

Él, balanceándose liviano al cálido ventanal, se dobló y me habló con sosiego mientras las lágrimas blancas salían con ternura de sus ramas.

—Esto nos ocurre solamente en primavera cuando ellos salen todos contemporáneamente de sus hogares. Es una enfermedad muy ligera, no tienes que preocuparte, se llama alergia... los hombres están encerrados todo el invierno en sus moradas, después con la buena temporada... demasiados hombres, todos de una vez, para no llorar.

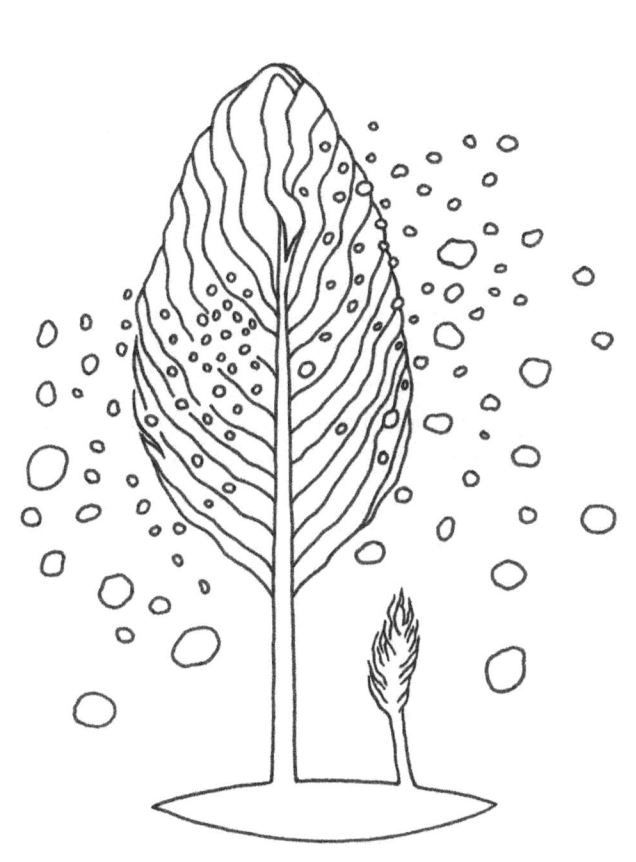

LA ROCA QUE QUERÍA VER EL MUNDO

Ya esperaba desde hacía un millón de años, un solo pensamiento asomaba por mis cristales:

«¡Quiero ver el mundo!».

Casi no me di cuenta de lo ocurrido mientras resbaladiza cogía velocidad por la ladera del volcán.

«No es fácil mirar la naturaleza cuando la cabeza se pone como un tiovivo». Así pensaba cayendo desde el acantilado al final de la montaña.

Temblando en las profundidades del abismo marino nunca habría creído que el mundo fuera tan frío.

AM 24:30

Cuando un hombre tiene que ponerse epígrafe a su misma vida generalmente ya es demasiado tarde; así que, por si las moscas, he decidido adelantarme.

Lo más horroroso que uno puede hacer, es repasar por la eternidad el epitafio que jamás te ha gustado en tu piedra de prensa, donde todo el mundo puede leer sobre tu puta vida.

Algo parecido a: «*Como no me ha gustado vivir, entonces muero*» y también «*Te echamos de menos pero la casa es más tranquila, los tuyos*».

Bien, son palabras que logran llenar el corazón, pero no lo suficientemente agradables para que alguien pueda quedarse sin escuchar la voz interior que te habla diciendo: «¡Y por qué no te pones un poco mejor en esa maldita piedra! Qué sé yo... «*hombre muy delgado de piernas largas y todo musculado, le encantaría entretenerse con mujeres jóvenes a las que les gusten morenos y de corazón entrenado a largas batallas*».

El epitafio podría estar escrito con caracteres medievales, así para dar más importancia al legado, y posicionado de manera que el domingo por la mañana, al llegar apresurado de mujercitas acarameladas caminando por el vial del cementerio, las letras brillarían por los rayos del sol que se encontraría frontalmente al epitafio.

¡Vaya, excelente publicidad para establecer un contacto!

Bueno, todo eso se puede organizar. Un poco de telepatía, algunos tirones a los pies de madrugada a los herederos (de manera que gasten un poco de mi dinero para la sustitución de la vieja lápida por el modelo nuevo de escrita encantadora), ¡y adelante! una nueva vida empezará para mí: chicas bonitas revoloteando toda la noche al claro de luna, al sonido de locos fantasmas que tocan fascinantes canciones ¡por todas esas doncellas que me encantan!

Ha sido un duro trabajo arreglarlo todo, en particular convencerlos para que se rascaran el bolsillo, pero después de 90 días sin dormir han decidido agradecerme «para favorecer mi nueva departida» con una nueva lápida flamante, ¡incluso con letras de oro obrizo!

Y por supuesto todo parece encajar. La voz se ha esparcido, demasiadas mujeres se ponen en cola para bailar conmigo al final de la semana, tengo una tarea muy dura ahora y no sé cuánto tiempo puedo aguantar estos ritmos infernales.

Y como se puede decir... el domingo aquí llegan solamente matronas que tienen 40 años por pierna.

Así que de veras, tal como están las cosas, no es que me deleite mucho este trabajo.

Pero como siempre he sido un hombre de recursos, me las puedo arreglar. Un poco de telepatía, algunos tirones a los pies...

EVENTO/ABSTRACCIÓN

Me adelantaba volando sobre el paso de cebra, gozando de mi perdida niñez.

No hay otra manera de surcar el océano enfurecido que un barco de papel.

¡PAPÁ, PAPÁ, SOCORRO!

Bien, mi hijo padece de mucha fantasía pero todo tiene un límite. Hace varios días que se queja por las galletas.

—Papá, papá, las galletas de chocolate huyen. ¡No puedo ir a la escuela sin comer!

No es por el coste, pero demasiadas galletas no son buenas para la salud del pequeño.

Y así todas las mañanas durante una semana «¡huyen, huyen!».

Puesto que no es saludable (principalmente para nosotros) conceder a los niños todo lo que piden, empecé a preparar otra comida. Jamón serrano de lo mejor, a ver si huye él también.

—Papá, papá, las galletas me van diciendo que necesitan galletas y ¡ya!

—Mira chico, vete a la escuela, coge tu jamón y fuera, adelante.

—Pero papá...

—¡Fuera!

Esta costumbre empezaba a molestarme y también a preocuparme.

—Papá —gritaba el niño llorando—, me han cortado un dedo —y sollozando desesperadamente...—, y han dicho que si no vuelven las galletas a la mesa, te cortarán la mano. Y van diciendo que no esperarán un minuto más, necesitan mano de obra para la construcción de Chocolandia... *sigh... sigh.*

Por Dios este chico se está volviendo loco, tengo que buscar ayuda para su dedo y aún más para su cabeza.

—Así, ¿no tengo alternativa, doctor? Bien, urgentemente, bajo hielo, de inmediato el cirujano. Vamos, chico, sin dudar un instante.

Llevaba todo, llave, cartera, hielo, el niño, faltaba la tarjeta sanitaria y después, corriendo al hospital.

—Bien, señor Tomás Santos, adelante, adelante, no tenemos un minuto que perder, a ver qué se puede hacer, vamos, ¡dónde están el dedo y la mano!

ARTURO PIEDRAVERDE

Y LAS SELENITAS

(*Bogando hasta la luna*)

Al volver el día, Arturo Piedraverde casi despierto mira a las Selenitas desvanecer.

Ligeras y delgadas, lo llamaban desde lejos con ademanes de piel de marfil y se pone loco de amor.

¡¿Y por qué esperar toda una vida lo que jamás podrá ocurrir?!

Así que al día siguiente me apresuro al sueño con todo lo necesario: un bote, 54 globos multicolores y dos remos.

¡Y hacia el sueño!... andando, cantando, remando, todo eso a mi mando...

EL PEPINO REDONDO

No me gustan los caracoles, la tierra húmeda y grasienta, las botas del campesino. No me gusta vivir aquí en el campo entre conejos y gallinas, gusanos y talpas. No me valoran por lo que soy, todo el mundo se ríe de mí: «¿Quieres un pepino?», «¡mira el pepino!», «¡toma el pepino!», «¿te gusta el pepino?»…

Yo también tengo un alma aunque sea vegetal.

Es una vida torpe, todo el día oliendo excrementos de vaca y sangre de cerdo. Agua, frío, sol, incluso el hombre más duro se quebrantaría.

Con los tomates no se puede hablar, si me miran, se ruborizan. Las patatas, al verme, se hunden en la tierra gritando «¡Socorro!». El apio se pone de inmediato en competición y la zanahoria también. No falta día sin llenarme de nitrógeno, de venenos, de mierda y todo eso para desarrollarme, fortalecerme.

No me gusta el campo, no me gusta la granja, no me gusta vivir ni crecer y no me gusta que me coman.

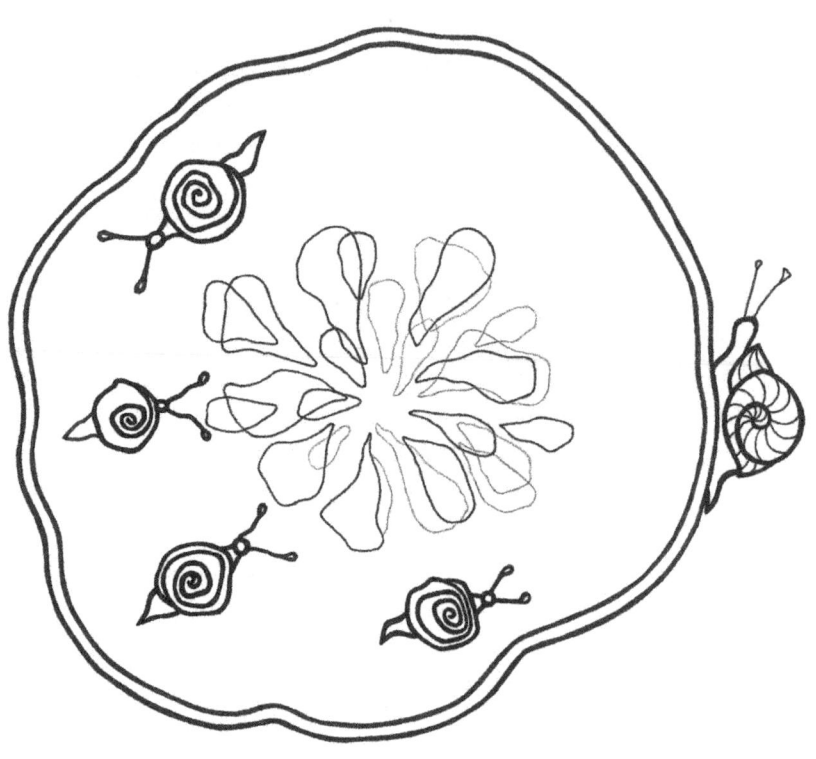

EL DISCÓBOLO

Cuando lanzaba sus ideas, el atleta se enroscaba con tanta determinación que las disparaba tan lejanas que se olvidaban en el vacío, se perdían en el Universo y al final se las comían planetas errantes de chocolate.

VILLAFLOR

Tengo una chimenea en mi casa y con la estación invernal siempre está encendida, fue por eso que trabé amistad con Álgido Lejano.

Al llegar la noche se presentaba bajando por la chimenea; claro que las primeras veces me parecía bastante extraño, además se quejaba por el frío y allí, suave y templado le gustaba más. Ahora ya estoy acostumbrado, a él le encanta escuchar mis sonsonetes cuando toco el piano y a mí sus cuentos inexplicables.

... Álgido es un vendaval.

«Allá estaba la florida aldea donde la gente vivía el doble. Acunada entre las montañas, a veces sí, a veces no. En aquel vecindario los chicos de 6 años tenían 3 años y los hombres de 30 lucían 15. No me parece necesario aclarar que los de 120 años se desplazaban tranquilos en bicicleta silbando, naturalmente cuando se podían ver.

En Villaflor todos eran felices y no solo porque se alcanzaba normalmente la venerable edad de 200 años (perros, gatos y ratón[2] incluidos), sino porque la vida era agradable, permeada de afabilidad y alegría y nadie tenía el entrecejo enfurruñado.

Todos tenían nombres propios de flores; el abuelito más viejo de Villaflor lo llevaba orgullosamente cosido en su sudadera: 'Espuela De Caballero', y su mujer 'Velo De Novia' el domingo no lo soltaba del brazo hasta alcanzar la iglesia para tomar los sacramentos impartidos por 'Campana De Irlanda', el joven novato que había sustituido al viejo cura 'Boca De Dragón'. Y así, el policía 'Vara De Oro' atrapando a 'Cresta De Gallo', el chiquillo más guapo y punk de la comunidad que siempre robaba caramelos para halagar a 'Ave Del Paraíso' que cada semana cumplía los años. Y después 'Aster Montecasino', 'Ramillete De Rosa', 'Flor De Cera' siempre limpiando y limpiando, 'Alegría Del Hogar', 'Nomeolvides' en

---

2   En Villaflor hay un único huésped roedor que agradece la falta de competencia desleal.

lágrimas por la eternidad, 'Junquillo Oloroso', 'Lunaria', 'Rosa Canina', y todas las flores de aquel precioso pueblecito evocador de fragancias.

En este momento no se puede ver nada, han sobrevenido las primeras rachas de viento así que las flores desvanecen hasta la primavera y también Villaflor desaparece.

Entre las montañas vuelve el silencio, quedan solamente unas notas de piano de cola apagándose, rozando los valles cautelosamente para sobrevivir unos instantes».

La punta de luna con pico de águila en forma de aleta de tiburón en realidad es un cuervo mal hecho que no quiere escuchar por envidia.

CUADERNO DE ESBOZOS Y OBSERVACIONES (HUELLA 1)

LA TORRE

Un día que paseaba por las callejuelas de una pequeña aldea ella me miró y sin decirme nada, me eligió su dueño; era hermosa, esbelta y me robó el alma.

Tenía quinientos años de edad y como todos los mayores, padecía algunos problemas, así que dándome cuenta de la situación, empecé a obrar...

Siete años sin faltar un día.

Ahora el trabajo ha terminado y ella me ha devuelto el alma, no tiene más necesidad de un dueño durante otros quinientos años.

EL CANTO DE LA SIRENA

«Ψcalipthesixiseptesis».

Nunca se puede llamar a una sirena deletreando de forma sencilla, y cuantas más dificultades fonéticas comporta el nombre al pronunciarlo, más su belleza retiene y encanta.

Por eso Serpiente llegó desde infinito igual que un bólido sin dueño. Salió de la vuelta celeste explotándola en una catarata caleidoscópica de chispas flameantes y, sin detenerse ni un suspiro, se precipitó al océano, hundiéndose en las llanuras abismales para perseguir el canto.

Había sido un viaje largo, taladrando espacios, universos y multitud de tiempos, mezclándolos, vertiéndose uno a otro a su pasaje, y empapándose entre ellos de frenesí y caos.

Sus brechas engendraron agujeros y huracanes magnéticos, vorágines expandiéndose, tragando todo, planetas mastodónticos chocando y fundiéndose a sus hermanos y estrellas que acababan quemadas en otras unos instantes antes desconocidas. Mientras Dios, desconcertado, al encontrarse con múltiples «sí mismos» todavía aún más confundidos y decepcionados que Él, sigilaba apresuradamente nuevos equilibrios, en espera de que el taumatúrgico hielo cósmico volviese a saturar las heridas, por donde eventos y perceptible (devorados por grietas temporales) aniquilaban girando vertiginosamente.

Mientras el caos reconfiguraba el Universo sembrando muerte, Serpiente en las planicies oceánicas, ofrecía a su novia poesía helada en cristales, tal que sus receptores la pudieran captar.

«En mí florecen también los difuntos», le decía deletéreo cortándole rosas.

EL ATÚN CONGELADO

(*De pesca casi extractiva*)

Recomendaciones:
Para una correcta preparación de la receta es imprescindible que sigan escrupulosamente las instrucciones imprimidas al otro lado del envase.

«Comida cruda de filete de atún japonés, criado oportunamente en Ōkuma *en el interior de las vasijas de los reactores nucleares de última degeneración.*

Poner el contenido 30 minutos antes de ser utilizado a temperatura ambiente, para que se pueda cortar en lonchas finas y degustarlo al natural de sus extraordinarias radiaciones».

No me preocupo por el ritmo brasileño impuesto por el contador *Geiger*, no soy ecologista, sin embargo, tengo hambre y llevo ya más de doce horas esperando comer algo. Pasada media hora, he intentado tajar el lomo a lonchas sin conseguirlo porque aún sigue establemente congelado como si fuera una barra de acero virgen. Reiteradamente he vuelto a golpearlo intentando guillotinarle la cabeza con un artilugio cortante o similar. Al llegar la noche, el atún resplandecía de su misma luz, pero su característica principal no pretendía blandirse: ¡una columna dórica de mármol!

Una semana más tarde, todavía imposibilitado a filetearlo (con el cuchillo reducido hasta el 50% de su tamaño original a consecuencia de las intervenciones de limado) empezaba a preocuparme por falta de proteínas. Quince días después las preocupaciones se trasformaron en trastornos y un mes después los trastornos se trasformaron en atisbos de locura.

Esto es lo que han leído en el diario de la expedición:

«... se va diciendo que podrían haberme encontrado unos años más tarde parecido a un esqueleto serpenteando en las cercanías de una improbable tienda desechada. Se apuesta también que rechinaba palabras sin sentido aunque tenía la boca repleta de nieve...».

—No me gusta el acero, tampoco me gusta el mármol.

Perdido en el *pack*, como un lomo de atún que aún no quería descongelarse bajo los escombros de mi tienda desaparecida en la banquisa polar.

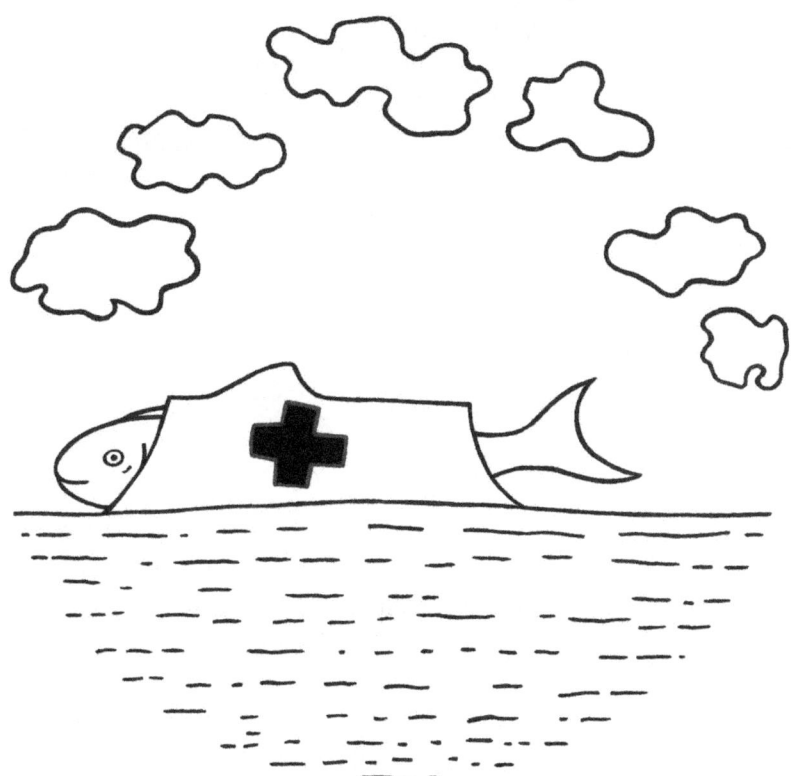

Después de tres cuentos la luna ha escogido ser cuervo.

CUADERNO DE ESBOZOS Y OBSERVACIONES (HUELLA 2)

EVALUAR LAS VARIABLES ES ALGO IMPRESCINDIBLE

Si no tienes inversiones financieras y los Reyes Magos el 6 de enero se presentan siempre después de que los ladrones les han quitado la cartera, ha llegado el momento de aprender que «la vida alegre» se puede conquistar también con el duro trabajo.

Si uno se conforma con unas golosinas, nadie te las puede negar, pero si quieres un coche de madera último modelo, accesoriado con alerones traseros para conferir mayor estabilidad al vehículo cuando está lanzado a la máxima velocidad, entonces no se puede contar con los Reyes Magos.

Al final del verano la tarea ya se adelantaba...

Algunos dibujos preparatorios para buscar línea y diseño (porque también el estilo tiene su importancia) y enseguida contratar en el sótano familiar todo el material: 2 tablas de madera, clavos y si la encuentro, un poco de pintura. Nada de ruedas, en Navidad los peñascos tienen solamente nieve. Y las herramientas se pueden hallar en la caja de hierro del abuelo, la que pone en la tapa:

☠ CHI TOCCA MUORE ☠

Así planificaba su plan de obras el niño ingeniero.

¡Un coche que no lleva ruedas tiene que evolucionar de otra manera! Bueno, adelante con el fuego... algunas rocas para enjaular la hoguera, una caldera grande y en el interior la madera puesta en vertical calentando en agua hirviendo. Y cuando sea tan tierna que se pueda comer, quince días secándose apretada en la morsa de banco de carpintero para tomar forma, pliega arriba, como ha de ser.

La caja ya está lista, es suficiente colocar en la parte inferior del vehículo las tabletas de madera elaboradas a pata de visir, fijarlas con tornillos a la carrocería y el *Cocheskí* podrá estrenar su nacimiento. Falta solamente la pintura roja y como el Barón volará cuesta abajo por la Escarpa De La Muerte cabalgando las fiestas navideñas.

—¡Qué suerte! —gritaba el niño bajando la ladera— ¡La nieve está helada!

Mientras la pendiente le proporcionaba velocidad, aún más, aún más...

—Nunca había disfrutado de una pista de cristal. ¡Qué suerte, qué suerte!

Como un rayo continuaba su carrera incrementando velocidad, aunque también el terreno estaba llano.

¡Más rápido, más rápido! Como un avión vibrante rumbando explotó entre las nubes al chocar contra las rocas lejanas amontonadas al final del campo.

Tan lejanas que parecía imposible.

EL CORZO AL QUE LE GUSTABA MAHLER

Ya había terminado el final del invierno y su corona de perlas, rosetas y luchaderas se aproximaba cada día más al pueblo.

Así empezaba el cuento, acercándolo a la aldea para iniciarlo a aquellos desconocidos ruidos primaveriles.

Cada día una huella más y una más y una más.

En la tibia esmerada pradera un hombre rascaba, cortaba y rogaba al cielo con su varita de madera, dibujando gorgas en el aire, mientras los otros, frente a él, tocaban artilugios celestiales que le quemaban el corazón.

—Tanto me gustó esa música que ni oí el disparo antes de despertarme, vibrando bajo los repetidos golpes del músico del bombo, tocando a ritmo para la Banda Municipal de *Kaliště*.

BUSCANDO LA LUZ

Soy un habitante de las estrellas, mi trabajo es buscar la luz sin encontrarla.

Me traslado mentalmente desde hace trillones de años con *Sol* pensarlo. No se me olvida nada, pero desconozco por qué todo ha empezado. Compulsivamente persigo mi destino, nunca me he detenido, ni lo haré.

Es un viaje largo. La parada de salida ha sido siempre el núcleo de un astro incandescente y la de llegada otro núcleo ardiendo, así hasta hoy.

De vez en cuando para distraerme, he dejado unos instantes esas masas hirvientes subiendo brevemente al exterior a mirar fugazmente durante unos millones de años hacia otras partes.

He conocido rayos gamma, manchas solares y lugares que parecían tartas enroscadas, pero de pronto volvía mi atención a los núcleos estelares, porque allí tiene que ser.

A pesar de mis esfuerzos no consigo encontrarla, hablo siempre de la luz, y todo eso no me está saliendo bien.

Casi he terminado el Universo, no quiero rendirme, pero no hay más estrellas, nada de galaxias, ni nebulosas, ni supernovas, ni siquiera estrellas nanas, falta solamente el vacío y la oscuridad y me sube la melancolía y la depresión.

Llevo mi traje de amianto, vivo en el corazón de las estrellas y no he encontrado la luz.

Así que me pareció casi extraño hallarla al azar escalando un tallo rodeado de negrura.

LA MÁS BELLA

Siempre me he considerado la más rica y la más bella del mundo. Para mí se abrían puertas donde solo pocos hombres podían entrar: restaurantes refinados, *atelier* de alta costura, joyas... todo esto era para mí, solo para mí, y un día ha terminado, así sin preaviso. Me han partido en un solo corte de tijeras en dos pequeños trozos de plástico dorados sin valor, profiriendo estas insensibles palabras: «¡Está bloqueada señor!».

DESAVANZANDO LÓPEZ

¡Coño!
Mi vida ha sido un infierno y tengo que contarlo a todos esos papaítos atontados.
Desde pequeño cada día mi horizonte se ha reducido avanzando atrás. Cualquier acto hecho milagrosamente se volvía en nada; no el prodigio de un ángel sino el hechizo evocado por la misma sangre.
Desavanzando, éste es mi nombre, o mejor, el nombre que mis padres me han puesto. No sé por qué, si estaban borrachos ellos o el hijo de puta detrás del escritorio del Ayuntamiento. Nunca ha sido aclarado.
¡Bien, así es!
—Desavanzando López... ¡que tengas suerte!
Y desde aquel momento todo ha ido mal.
No quiero atormentaros con mis cuentos de niñez, pero ya en aquel primer viaje se desplegaba el sentido de mi vida. Como un pollo entre los brazos de mi madre encaramada al carro, volvía a casa tartamudeando con las mandíbulas mirando atrás. Entretanto los bueyes defecaban.
¡Conque, fue muy malo desde los primeros instantes!
Aún pequeñito, cuando me llamaban, por intentar ser coherente me desplazaba por la casa a cuatro patas llegando antes con el culo que la cabeza. Así que para solucionar el problema mi madre empezó a apodarme Ando.
Y más. A la edad escolar, cuando por la mañana salía adentrándome por los coladeros, de ningún modo llegaba a la escuela porque siempre los vecinos me saludaban.
—Hola Desavanzando.
—¿Qué tal Desavanzando?
—¡Qué pinta que tienes hoy Desavanzando!

Y por agradecerles eran más los pasos atrás de los que hacía adelante.

De modo que para arreglar las cosas mi madre cada día se cargaba en sus espaldas el pequeño Ando, que al llegar a la escuela se convertía (también administrativamente) en Desavanzando, añadiendo a eso las consecuencias que comportaba.

¡No soy yo malo, es mi nombre!

No me faltaba voluntad. Tampoco me gustaba oír las risitas tontas de los enanos que me rodeaban a lo largo de la mañana canturreando:

—Desavanzando... Desavanzando... Desavanzando...

Para terminar con ellos, por la tarde después de una fugaz comida me aplicaba testarudamente a leer libros escolares, y lo que conseguía aprender en casa como Ando lo desasimilaba el día siguiente en la escuela como Desavanzando.

Así era el sombrío panorama de mi vida, y cada día me volvía más pequeño para desaparecer, ¡porque la situación lo demanda!

Sin honor, sin valor, siempre más pequeño, más pequeño, culpable para huir de los ojitos malvados, culpable para rendirse al hado, culpable para no tener culpa, y más pequeño, más pequeño, para desaparecerme.

Señores padres, no se vayan borrachos a elegir el nombre de un niño, no solo por lo complicado que es ahora mi vida sin casa ni hogar, sino porque me estoy aburriendo y padezco frío, puesto que no encuentro manera de volver atrás en el escroto de mi padre.

Para sobrevivir a esta vida malsana no tengo otra posibilidad que ofrecerme voluntario como espermatozoide por la fecundación asistida. Y si vuelvo a nacer, sean quien sean mis progenitores, si no quieren que les corte la garganta, esta vez cuidado en elegir mi nombre.

ENCUENTRO CALLEJERO

Don Alfombra y Don Café se encontraron por la calle.
A —Hola chico, ¿qué tal?
C —Todo bien. ¿Y tú?
A —Bien, bien, no me lamento. ¿Y tu hermana? Hace tiempo que no la veo...
C —Ha muerto.
A —Oh bien...
C —¿Y tus hijos, siempre en la Universidad?
A —Han muerto.
C —Bien, bien...
A —Y, ¿cómo está tu mujer? ¿qué me cuentas? ¿Cómo van las cosas?
C —La pobrecita... ha muerto por la tarde.
A —Vale... vale.
C —¿Tu madre, tu padre?
A —Han muerto. ¿Tu hijo, tus padres, tus nietos?
C —Han muerto. ¿Tu hermano, tu abuelo, tu sobrino, tu mujer?
A —¡Han muerto!
C —Vale, ¿hay alguien que no haya muerto para reavivar el cuento?
A —¿...?
C —Bien, bien... Qué dices, ¿vamos a tomar un café para festejar el encuentro?

LA DINÁMICA ARMONÍA
DEL VUELO SILENTE

Hay lugares donde los que los viven se desplazan cortando el cielo. Proceden silentes, inaudibles y vertiginosamente, rotándose adelante y atrás de amanecer a amanecer.

A veces, al no tener prisa se demoran curiosos a mirar la yema del sol cocinándose lenta.

En esos lugares sus vivientes no se ponen en cola, sería muy peligroso por los que los preceden y también por los que les suceden. Se encontraban demasiados trozos de chicha rebanada flotando por el cielo antes de la 1ª ley de salvación. Todavía, si bien la Autoridad del Filo la dictó a salvaguardia del bienestar de los demás, la mayoría no la respetan, les molesta la soledad y se acercan entre ellos como enredados por un hechizo magnético, tanto que a la mínima distracción (al rozarse), se matan juntándose el uno al otro parecido a tiovivos enloquecidos, retorciéndose enroscados y explotando ruidosamente a pedazos en el cielo.

Queda únicamente sangre de tanta belleza.

LA VERTICAL

Si la barba de Noé de verdad es tan larga que se podría remontar al revés el tiempo, me gustaría treparla hasta el día de hoy.

Un paso a la vez, pausado, con tal que pueda mirarme yo también.

Lamentablemente no soy un tipo atlético, ni estoy entrenado como para hacer la vertical, pero aunque no sea un experto sé cómo se hace un nudo por seno, y a cada nudo si lo deseo puedo echar un vistazo alrededor de manera que en cualquier caso no voy a malgastar mi tiempo.

A paso de tortuga, incansable subo Noé para finalizar mi asunto, y si no me agoto gateando volveré desde el abismo del mar hasta al día de hoy, para decirle que sea más cauteloso con su larga barba cuando se dispone con la cabeza fuera del barco para comprobar si hay tierra a la vista.

Así que se acabe de ahogar miles de personas cada vez que se pone a escudriñar en la lejanía.

EL HOMBRE LAAARGO

(Héroes modernos)

Back Gallardo no era un hombre perezoso, se presentaba excelente de genio y figura, todavía algunos lo podrían definir como una rareza por su porte laboral.

Gallardo era un camarero de larga data, a la apariencia medía a reposo 180/190 centímetros variables.

Por la mañana y por la tarde al empezar su trabajo se ponía cercano a la ventanilla de la cocina, y al llegar el pedido, extendiéndose desplazaba libaciones fluctuando platos entre las mesitas de hierro estilo *Belle Époque* sin despegar el trasero del taburete.

Aunque sus brazos parecían tiernos, blandamente deslizaba flexible en el aire ondeando a su destino, y a pesar del recorrido movedizo no vertía ni una gota de caldo al suelo.

Todo esto era algo provechoso y rentable para la actividad, también una forma de publicidad excelente para el restaurante nombrado expresamente y no acaso Tiramolla. Sin embargo no faltaban problemas logísticos y de modales, no solo porque alargándose entre los veladores más lejanos necesitaba un tiempo antes de retirarse (y entretanto niños, mujeres, abuelos, y los que tienen que pagar la cuenta trompicaban en él por alcanzar la caja), mas principalmente por su falta de sentido del humor, que por un ejemplar tan elástico indudablemente tendría que ser una regla despedida con el mismo nacimiento, no fuera que por las bromas de los más estúpidos en busca de revancha a sus limitaciones.

Así que al levantarse los clientes del suelo (después de tropezar en sus extensiones aún no retraídas), empapándose de aceite y vinagre por la caída de las mesitas laterales, a menudo se deshacían de sus telarañas interiores de la forma más desagradable posible, imprecando y apostrofándolo con suficiencia, y con frases del tipo: «También pueda parecer una utopía, los monstruos han regresado».

Normalmente en estos casos un camarero se excusa por lo ocurrido, pero como ya he dicho antes, B.G. no tiene gracia y falta de disponibilidad de carácter; con su mirada parecida a un anzuelo, si está de buen humor se limita a demandarlos elocuentemente a una excursión a caballo de un tetraedro, diversamente, si no está de buen humor, les propone una alquímica visión de sus tafanarios condecorados centralmente con pepino de la casa.

Todo eso todavía no tiene relevancia (si no marginal) por el análisis de los graves hechos criminales que vamos contextualmente a evaluar.

B.G. como da reglamento salarial tiene derecho a un día de descanso semanal. En esa circunstancia se pone literalmente a su propio servicio disponiendo piernas y adiposidades traseras a descansar pesadamente plomadas al camastro y utilizando elásticamente la parte superior por despachar el quehacer rutinario: incumbencias administrativas, tomar a la esquina cigarrillos y cebolla, leer novedades en muestra en la marquesina del autobús, y tras completar sus tareas, dar un paseo por la noche a lo largo de las ramblas...

—¡Alto ahí, manos arriba! Soy tu atracador. ¿Qué tienes en el bolsillo?
—¡Nada!
—¿Y en la cartera cuánto dinero tienes?
—¡Nada! No lo ves que soy alargable, el monedero se queda en casa protegido por mi culo.
—Entonces la puerta está todavía abierta, ¡nos vemos en tu casa! Todo esto es muy divertido —le contestaba el ladrón—, igual que hacer el colibrí.

Y voló para atrás mirándome a la cara.

BUSCANDO ALGO QUE MOLESTAR

Hay gatos que ronronean plácidamente cerca de la fogata, ajustándose con las patas para confirmarse que tu regazo es suficientemente mórbido como colchón, y sueñan sin dejar de escudriñar alrededor con sus orejas tal y cual a un radar. Y gatos que se van por los barrios del puerto buscando algo que molestar, picando con garras afiladas los sapos sin detenerse hasta el final, para irse dejándolos atrás.

Gatos blancos, negros, de manchas y matizados. Gatos gordos, delgados, hambrientos, llenos de cicatrices o parecidos a príncipes desfilando. Gatos que llaman o que son llamados. Gatos sin piel malhumorados por el frío y otros aplastados en la calle bajo las ruedas del camión porque ya habían terminado la reserva de sus vidas.

Y después hay gatos azules que pasean sobre las rosas.

CÓDIGO DESCUENTO

La mañana para una buena compra no se pueden coger los alimentos de los estantes sin pensar en nada. Tienes que buscar las cosas en su lugar apropiado, las aves en el cielo detrás de las nubes y las ostras abajo en el fondo del mar.

NO QUIERO DESPERTAR POR LA MAÑANA

Ya uno no lo soporto, pero dos de verdad son demasiados.

Si me despierto con un sueño en la cabeza es una lástima, mas utilizando una técnica ya consolidada es posible recuperar el sueño. ¿Cómo? Tener los ojos bien cerrados y no hacer ningún movimiento y si la sesera intenta carburar, quitarle de inmediato la alimentación pensando: «Estoy en un sueño, no es verdad que me despierto, es un sueño, un sueño, no quiero despertar. Puedo volver al mismo lugar de antes... no te muevas, no te pienses, quita la cabeza».

Pero algo esta mañana no funciona correctamente, sube el desvelo.

¡No me muevo! y vuelvo a los sueños, pero sueño con que me despierto, así que para no despertar tengo que volver a los sueños. Lo intento, lo consigo, pero vuelvo a soñar en despertarme.

Es una locura, no puedo continuar así todo el día.

Estoy aterrorizado.

¿Y si no consigo volver a los sueños?

¿Si me despierto?

¡Qué puedo hacer si no hay alguien que me levante la tapa del ataúd!

DICIEMBRE

Siempre miraba en derredor con curiosidad desde la cumbre del monte.

Me gusta aprender, reflexionar, estar enterado de lo que ocurre, ingresar rumores y comprender agua, briznas, el aliento dulce o fuerte del viento. Me alegro escuchando cháchara de ardillas comiéndose *Macnuts*.

Al desearlo puedo percibir el vibrar de los nenes hongos volviéndose hombres en unas horas, y también si me pongo quieto, oigo temblores de queras buscando el fin del mundo para precipitarse finalmente al vacío.

Todo eso me encanta, hasta los pájaros defecándome por arriba... mas no me gustan las novedades inesperadas, ni el leñador de todo punto aparejado con camisa escocesa, hacha al hombro y bota en la cinta.

Golpeó tan fuerte la puerta que las piñas derribaron. Así que, para contracambiar su novedad, dejé caer la punta de Navidad exactamente en el momento más adecuado.

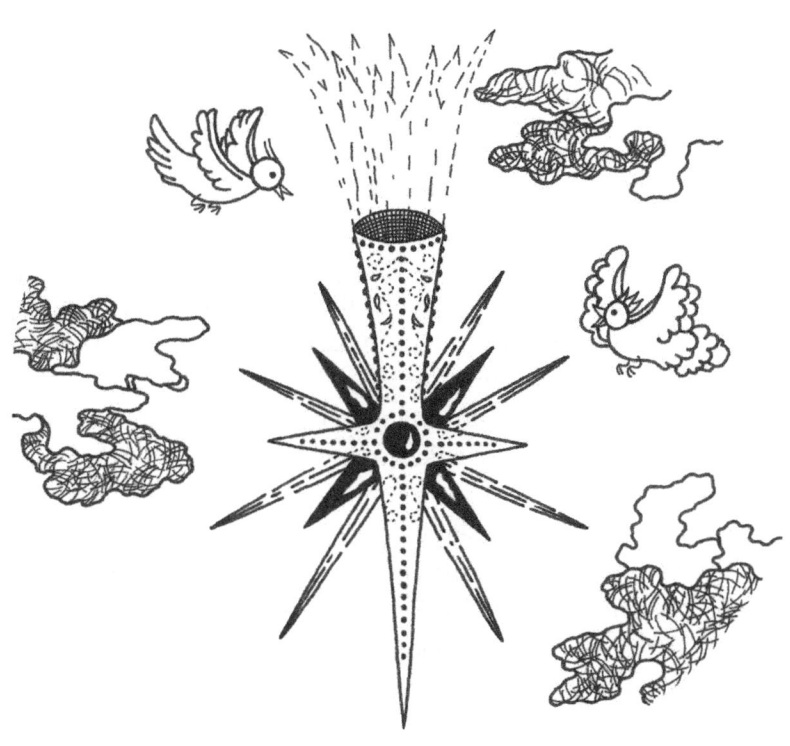

SIN FALTA DE CAER

Hay palabras que nos permiten regresar en el tiempo.

*«Zirudèla in vatta i càpp la mustreva al cûl a tótt
l êra* sänza la stanèla tòc e dâi la zirudèla»[3].

Durante la infancia escuchaba los mayores cantar esta *zirudèla* bordeando la charca adonde se encontraba antiguamente la fuente del pueblo, y no me daba cuenta porque lo hacían. Ahora que yo también querría volver joven lo entiendo mejor.

Quizás fuera por eso (junto al intenso calor), que a la tercera hora de la madrugada encogiéndome de hombros para caber en la trampilla subí al tejado.

Qué bueno, todo estaba limpio y claro a pesar de la noche. El alumbramiento abajo se reflejaba en la luna arriba que aclaraba abajo para reflejarse arriba; así que la techumbre resplandecía de luminosidad cuando todos los malos niños que no dormían empezaron gritando: «Mira, mira sobre el techo, ¡Zirudèla no tiene falda!».

---

3 La *zirudèla* es una cantilena poética de los villanos de la ciudad de *Bologna* en Italia, este nombre trae origen de un instrumento de **época medieval, la** *gironda*.
Años atrás se declamaban *zirudèlas* para alegrar matrimonios, fiestas y también en los mercados para atraer a los clientes.
Esta *zirudèla* cuenta de una mujer subida arriba del techo, se burla de los demás mostrando su culo con ademanes irreverentes.

LA GASOLINERA

«¿Y cómo se puede averiguar que hoy hay crisis...?».

Quiero proclamar de inmediato que voy a contestar a vuestra pregunta sin decir malas palabras, porque no es mi forma habitual de explicarme, aunque sería el momento más apropiado para utilizarlas.

Mi clara respuesta es:

«Porque la gente se va a la gasolinera y pone 1 o 2 euros, igualmente que si recargara el móvil».

Es así que lo entiendo el *Mymonedero.com*, disfrutar de las informaciones disponibles con estilo, de manera que se pueda buscar una solución antes de ser arrojado al mar.

Por eso me pongo testarudamente todo el día frente a la gasolinera... ¡para darme cuenta!

Me acuerdo de la primera vez que he saboreado algo de esta situación, ha sido el día en el que he encontrado una cereza sana en la cajita del verdulero. Por supuesto, con anterioridad pudiera ocurrir que tal vez durante la compra topaba con una cereza mala, pero algo ha cambiado, lo normal ahora es comprar fruta y verdura ya lista para la basura al mismo precio de antes y si tienes suerte puedes hallar una cereza buena. Así entendí que algo iba mal.

La confirmación la he tenido comprando merenditas al *MercaTona*. Las merenditas (si así deseamos todavía llamarlas) para adultos y niños, se van reduciendo en tamaño tan deprisa que al interior ya no tienen el producto, y como se han enterado que pueden ahorrar también sobre el embalaje, entonces van quitando incluso el exterior, tanto que la señorita cuando pasa el artículo a la caja se toma directamente el dinero sin dejarte nada, de modo que finalmente los chiquillos en España se van desengordando. En conclusión, han establecido que esto marchaba muy bien y lo van aplicando sin reservas a su entera producción, para la felicidad de mi cartera, que por alinearse a la economía fantasiosa de los supermercados va reduciendo ella también el contenido de su interior, ¡pero es cierto que al final las cosas no le saldrán tan provechosas de la misma manera que le salen al *MercaTona*!

Me encuentro cabal aquí en la gasolinera, mi trabajo en este momento es vigilante. Vigilo mi paro frente a la estación de servicio sentado todo el tiempo al acecho, por darme cuenta de si alguien empieza a poner 5 euros...

CONTEMPLANDO LOS LIRIOS

A lo largo de horizontes inestables hay sonidos de la naturaleza que despliegan composiciones moleculares muy variadas, así que dudoso miro con los brazos cruzados lirios negros con sombras blancas.

EL BUEN PADRE

Todos los días mi padre me *fluidoalimentaba* con sus sabidurías, hablándome de crecer y fortalecerme.

No he entendido de inmediato nuestras diferencias, pero hace años que las denoto. Entiendo las varias discrepancias, disimilitudes y diversidades. Aunque sea verde de piel, no tiene hojas. ¡Y además se desplaza para adelante y atrás como un meteoro!

Pero bueno, siempre es mi padre.

Últimamente he tenido cambios, atemorizado busco la manera de dejar la pubertad, y ahora que no me permite tener hijos y todas las veces que lo intento se los come, me pongo en duda que sea un buen padre.

EL HOMBRE QUE NO SABÍA DECIDIR

«Los hombres aman y esto es lo más interesante que hacen, ya que por otras cosas podríamos pasar por alto todo.

Diversamente cuando aman es distinto, su sangre se calienta y el cerebro se convierte en mermelada en el momento que ocurre. Se podría decir que cada vez que se despiertan, su única motivación para vivir es la de buscar la manera de mudarse en algo que alguien pueda saborear al día siguiente, propagando esa pegajosa gelatina arriba de unas galletas como desayuno.

Esto sí que es impresionante, sorprendente, atractivo, fascinante, hermoso, mágico, encantador, extraordinario, seductor, gracioso, perturbador, sugestivo, excitante, ineludible y también sublime y divino».

Así pensaba el hombre frente al mar, firme de pie en el borde del acantilado mientras la gélida brisa lo esperaba murmurando y llamándolo.

—Mírame... soy tu Amor, el más querido, el más frío, lo que te quiere más. Mírame, mira como mi melena ansía comerte, te espera y tiembla mi querido amor. No te angusties, vuela, quiero sentir tu calor, ven a mí de un solo salto, afóndame, quiero... quiero... te espero...

¿Y ahora que...?

Aquí está mi email: info@studioeraarte.it, elija usted el final. Tiene solo que decirme si le gusta un final feliz, un final dramático, o si lo prefiere, un final indefinido ¡y yo se lo enviaré!

¡CUIDADO AL ELEGIR UNA MUJER!

No quiero una mujer brillante y encantadora, me gusta más una matrona codiciosa que no le agradan las fiestas y que tenga su pesado culo siempre calentando la butaca.

Con una chica joven y lujuriosa constantemente hay peligro, tiene demasiadas ganas de vivir y no se sabe lo que puede hacer.

Le apetece el baile, la playa, los lugares escondidos donde uno se puede perder, no hay suerte con una mujercita así. ¡Como mínimo te encontrarás con una grieta en el alma!

Claro que con una vieja mujer corpulenta todo se presenta de manera diferente, nada de imprevisto que te asuste y sin salir de casa, o cuando esto ocurre (en algunas ocasiones especiales) siempre de manera tranquila, sin prisa, sin balancear en demasía mezclado a centenares de personas que se aprietan empujándose para hacer colas por todas partes donde hay alboroto.

Escucha lo que te voy diciendo, busca una matrona que no tenga menos de sesenta años, y si es posible, también grasa y codiciosa, lo mejor para ti.

Mírame… después de 30 años de vida junto a esa mujer, ningún desgaste, tengo el mismo carisma, la misma trasparencia, la misma brillantez, dieciocho millones de pureza diamantina certificada.

¡69 quilates sin falta alguna a disfrutar!

LA MONTAÑA

No soy membrillo. ¡Es que tengo una cita con mi trabajo!

En un cerrar de ojos franqueé la puerta saltando adelante y rebotando atrás, volcándome pronto otra vez al exterior, listo y en línea para comer dinámicamente el sendero de grava panza abajo. Entre la casa y la reja del jardín se paraba la montaña, intentando separarme del laberinto de callejuelas todavía dormidas de la ciudad.

—¡No tengo tiempo, déjame pasar!

Obedeciendo se desvaneció.

EL CUENTO DE TINTA SIMPÁTICA

FIN

LOS ABETOS MIDEN HASTA 50 METROS

—Maooo... Maaoooo... Maaaooooo...
—Áki, Áakiiii, ¿dónde estás? —llamaba coqueteándolo con tono cariñoso al poner pie afuera en el crepúsculo avanzado.

Para operar en la oscuridad que se acercaba invadiendo la senda (desviándome entre zarzas y maleza arbustiva), utilizaba ambas manos para implementar los sentidos, la de la izquierda como soporte a ampliar la fiabilidad de la oreja derecha, entretanto que pulgar y corazón de la derecha ensanchaban el párpado izquierdo. Buscaba así, con la mirada de un búho contorsionista entre las cimas más altas de los árboles.

El lamento se despeñaba en la negrura del abeto recortado con tijeras de gigante delante de la redondeada clara. Por allí llegaban sus maullidos derrengados, antes que se cortaran de improviso, ganando al silencio unos instantes suspendidos de ruidos algodonados... despúes:

—¡Krac! —se lamentaba el abeto.
—¡Swiss! —se lamentaba el murciélago.
—¡Stumpp! —se lamentaba el terreno.
—¡Splash! —se lamentaba el topo.
—Hola Áki, que tal. Qué dices, ¿volvemos a casa?
—¡¡¡Miiieeaäääaooohh!!! —se lamentaba el gordo lamiendo resina.

¿QUIZÁS PORQUE NO LE GUSTA SER UN HOMBRE?

Hay un animal testarudo que quiere ser todos los otros animales.

Le gusta volar parecido a las águilas y nadar como los delfines, subir los picos como las gamuzas o vivir bajo tierra como los gusanos y además hundirse en los abismos marinos contendiendo doblones a los calamares gigantes.

Aún no satisfecho se apresta a desperdiciarse más allá del vacío.

Quizás, para buscar otros animales.

EL POETA

«Tres poesías», esto alguien marcó al interior de mi cráneo con palabras de llamas.

—Si quieres dar sentido a tu vida no lo olvides, tienes que ofrecerme tres poesías.

¡Venga ya! Estas ardientes palabras aterrorizadoras habían dado la luz en el mundo contemporáneamente a mi aullido inaugural. ¡Qué mala suerte para una criatura si el primer día de vida ya se te pregunta algo!

Por tanto, de inmediato empecé a trabajar, porque no es fácil escribir poesías y tienes que poseer palabras, es verdad que tres no son demasiadas pero si todo el mundo va diciendo que las tuyas son basura es difícil contar hasta tres.

Una vida ha pasado y ha llegado el final.

—¿Entonces tienes tres poesías para ofrecerme?

—¡Por supuesto, soy un poeta indudablemente! «La primera es 1».

—Parece demasiado corta.

—«La segunda es 2».

—Esta es más interesante, ¿y la tercera?

—«Es 3 naturalmente». Bien ¿y ahora que he terminado todos mis asuntos puedo volver a nueva vida?

—Por supuesto, tengo curiosidad de escuchar otras tres poesías.

UNA LLUVIA DE ESTRELLAS

Soy un observador del Más Allá, miro la creación para duplicar a Dios.

Aunque no sería necesario decirlo, mi trabajo es importante, se lo puedo asegurar.

Hace tiempo que me acosaron llamándome hechicero, brujo y también criatura del demonio, dibujando para mí un destino oculto, tanto que todavía prosigo desapareciendo entre los pliegues del tiempo negándome, desapercibido al llevar el traje de la normalidad.

Sin embargo, no siempre ha sido así. Ha habido épocas en las que los demás me temían, se ponían de rodillas honrándome y rogándome, y por otra parte, confundidos desechaban sus miedos quemándome.

Sé que la mayoría de vosotros no se puede creer que yo logré reconstruir la cara de Dios, pero eso es.

Todo empezó con mi nacimiento en la tierra de las riadas: un día desbordaba Tigris y otro Éufrates, así que al final uno de los dos se comió a mi padre y el otro a mi madre. No sé por qué me reservaron un destino diferente, quizá no sea que mis chillidos resultaban demasiado molestos para ser soportados 24 horas al día gritando y llorando bajo las turbias olas de barro.

Me transformaron en pez entonces, para silenciarme, y ya que perseguía a gritar malgastando sus comidas y sueños y quebrantando con mi timbre agudo todo lo que me rodeaba, empezaron a arrojarme de uno a otro volándome por el aire, increpándose litigiosamente sin imaginación.

—Esto es tuyo.

—No es tuyo.

—No es tuyo.

—No es tuyo.

—No es tuyo.

Así pasaban los días y las noches encrespados tirándome ininterrumpidamente el uno al otro, hasta que exhaustos se rindieron después de unos meses. Entretanto, sin disponerlo, yo ya sabía volar.

Si bien no tenía aún la capacidad de modular correctamente las palabras y lucía solamente 4 años, la tratativa fue casi demasiado corta para ser satisfactoria. No he tenido tiempo para regatear, que ya ofrecían lo más precioso que poseían con la única condición de largarme.

—Sube la corriente río arriba hasta la fuente manantial... (¡!)

Fue aún más sencillo, me fui volando. Jamás podré olvidar ese momento librado en el aire, aleteando feliz arriba a tierras inundadas y armentos ahogados por meses de olas precipitándome al cielo.

Igual que un rapaz hambriento y claudicante los aterrizajes no fueron de los mejores, pero lo bastante a desviar el toro azul y arrebatar lo que había ganado tozudamente ladrando.

Así empezó mi nueva vida de malabarista, un rapacín de unos años agarrando dos ánforas ¡por bombardear el cosmos! La del Tigris a proporcionarme la capacidad de transmigrarme a cada nueva vida, y la del Éufrates por contener todo lo malo del mundo que nada ni nadie me pudiera dañar.

Me gusta todo eso, pensaba volando y liando con los vientos enfurecidos apretando mi futuro entre las garras, y dejando caer mocos congelados de la nariz a clavarse igual que verduguillos en las tierras del norte.

Desde entonces busco la cara de Dios. ¡Claro, tengo preguntas!

—¿Por qué mi padre?

—¿Por qué mi madre?

Y como su respuesta no me gustará, lo cambiaré, ¡a Él! y lo haré diferente, que no le gusten los ríos.

Las generaciones se alternan en este tiempo y sigo trabajando resuelto para cumplir mi destino. Fui nombrado varias veces y de distintas maneras, así que ha sido fácil utilizar métodos siempre variados para escandallar el infinitamente grande y el infinitamente pequeño de Dios.

Primero fue Merlín, después Simón Mago y Paracelso; con la madurez me volqué progresivamente en hombres más discretos, más ocultos, tanto que ahora casi no me encuentro yo en donde estoy ahora mismo.

Mis hechizos han obrado siempre poderosos, no obstante, no he tenido suerte.

Evolucionando (ya que las cosas son diversas), los avances tecnológicos junto a mi poder me permiten escanear el cielo de otra manera, gozando de detalles que mis antecesores jamás habían mirado. Un puzzle que día a día voy pacientemente encajando.

A pesar que no distingo *El diseño de Dios*, me acerco. Ya lo sé que me acerco.

Por supuesto en esta vida obro circunspecto, no hago imprudencias, y actúo con discreción si bien nadie se interesa en mí, y sin despertar sospechas puedo utilizar medios muy potentes. No como, ni duermo para supervisar el almacenamiento de datos e imágenes que Bruto descarga de forma automática. Bruto es un radiotelescopio, una extensión de antenas arriba al cielo, sus conexiones le permiten una completa autonomía laboral y eso me desanima, no tiene intuito, inquietud, no discierne el momento como quien detiene el *poder*. Todavía, jamás he disfrutado de tantas imágenes para buscar a Dios, les miro en todos sus lados una y otra vez, y aun otra vez, en cada mínimo detalle, para descubrir a donde se esconde, también fuese en la materia oscura.

Me acerco, lo sé, lo percibo. Me lo dicen los pájaros que no mienten, los muertos que me persiguen, los ángeles y los demonios que he conocido, y la mala espina que se come mi esqueleto. Algo está por fluir, lo advierto. Cojo el pequeño telescopio de observación en que se quedan curiosos los de las primarias para nutrir sus yemas y cristalinos. Acerco con temor el semblante a esa maquinaria obsoleta direccionándola con mano nerviosa a mirar las estrellas.

«Nada en el cielo, nada en el cielo, nada en el cielo, nada en el cielo». Después, en un solo instante todo se ha volcado. ¡Una lluvia de estrellas se ha desplazado! No estrellas fugaces, mas todas las del universo juntas, y por una diminuta fracción infinitesimal, antes de que volviese a arreglar ese velo lácteo luminiscente, he mirado La Cara De Dios.

Desde el principio he sido hombre de amplias miras, sin embargo, me indisponen mis descubrimientos. Aunque necesite acercarme mi linaje de brujo me impone cierta aversión por las brujas. Lo he mirado bien, Dios no es un hombre es una mujer. ¡¿Y si me levanta la tapa al ánfora?!

UN NUEVO REY

El Rey de los Lobos encontró en el bosque al Rey de los Murciélagos muerto.
Le quitó las alas y se las puso.
Ahora hay un nuevo Rey para los dos reinos.

90 EUROS

Lo sé que en este momento lo que más va engordando es el paro, y no me gusta llevar la contraria, pero he evaluado todo reflexionando en los más mínimos detalles, y por fin lo he decidido.

¡Me voy a hacer emprendedor!

No es que deseo contratar obreros, ni maquinarias, no quiero invertir dinero para que el banco se pueda comer mi casa. ¡No soy estúpido!

Lo he pensado todo leyendo con atención *Memorias de un campesino*. Mi tierra tiene un dicho de sabiduría popular: «*Contadino, scarpe grosse e cervello fino*». Parafraseando: peones, zapatones, pero no nos pisamos los cojones.

Toda mi vida siempre he estado obsesionado por estas palabras.

Explotaba una guerra ¿y quién no tenía hambre?

Llegaba la carestía, pero ¡¿quién podía comer higos y ortigas?!

El mundo se derrumbaba ¿y quién podía buscar pajaritos con soga y cajita de cartón?

Siempre puedes encontrar algo, es suficiente un terreno yermo que nadie quiera, un arroyo, y 90 euros por la ferretería: 30 por pala, azada y rastrillo, 30 por las semillas y 30 para terminar caracoles y babosas.

Así está establecido, ¡campesino y sin temor porque nada puede ir mal!

—¡Mierda, mierda, mierda! ¡¡¡Quién podía *preveer* la llegada de dioxina en el arroyo!!!

He releído bien este cuento y ya entiendo mejor dónde me he equivocado eligiendo mi trabajo empresarial. El meollo es la palabra «PREVER», ahora todo está claro.

¡No quiero ser campesino, ni gramático, quiero ser mago!

Así que, si el paro sube no hay problema, puedo solucionar todo con un poco de magia.

TODOS LOS ANIMALES

DEL MUNDO

Había una vez un mundo muy lejano donde las nubes hacían felices a los niños.

Si lo deseabas se podían transformar y todos los animales del globo estaban a tu alcance.

LUGARES COMUNES DONDE EL AIRE ES LÍQUIDO

Las corrientes nos empujan livianas al centro de Universo. Eso es usual al final de la vida.

A su llegar Solfeo Antiguo nos levanta dormidos por el aire líquido, así que nos enteramos en los sueños que vamos a elegir otra forma de vida diferente.

¡Es la fuerza amable de la concha! Sin olvidarse de nadie nos tramita unidamente al Rincón de los Cantos, la tierra sagrada en que las líneas más ásperas se vuelven redondas y lo real se deshace y pierde definición. A su llamada el cielo líquido despliega cuerpos en tal número flotando a cubrir los astros, que en *el sueño de todo* apenas se veía nada, tras el pegajoso silencio albino légamo de armonía estelar.

Entretanto, inaudibles, largas notas emitidas por la concha se aposentan cariñosamente de nosotros.

El rebaño de figuras ovaladas y lácteas, simultáneas y diferentes, ondea surcando el fluido aire dirigido por su pastora hacia el desenlace.

Simulacros de un infinito caducado, entidades blanquecinas y apáticas traídas de cualquier lugar, siguen linealmente adelante eventos atrás, involucradas a ese gélido caudal sin linde, permeado de frecuencias armónicas que no permiten al fluido oxigenes[4] cristalizarse.

El viaje prosigue lento, ineluctable, envolviendo el universo en un automatismo ya establecido.

Los durmientes despojados de individualidad vuelven a su origen a

---

4 *Oxigenes*: compuesto de gas líquido ultra frío enriquecido con una multitudinaria mezcla de genes. Consulte también "Consecuencias de la entropía de Universo".

revitalizarse, allí, donde la concha los ha engendrado y las líneas rectas se vuelven rotundas. Una nueva ocasión, nuevos moldes con tal que absuelvan al destino común, los timbres de la dea juntarán todo a la esquina del Canto antes de suspirar otra vez.

Me gustaría renacer en un lugar diferente, inusual, en el que el aire no fuese líquido, para escribir sin que la tinta china desperdiciara en el entorno y me envolviese.

PROYECTO EDA

«Son tontas las cosas que anhelo, perderse un poco no está tan mal, ¿no? De vez en cuando. Sin encontrar ninguna anomalía».

Hace tiempo que esto se repite; en la química de mis moléculas almaceno Éxtasis del Dolor del Abandono, algunos de ellos las llaman almas; otros, energía vital, para mi sencillamente EDA.

Soy una arquitectura tecnológica testada por la sobrevivencia de vidas biológicas dañinas, mi competencia es esterilizar planetas antes que lleguen Los Dioses.

Se me permite guardar Éxtasis del Dolor de cada anomalía descubierta y reciclada por su bienestar, cuando las encuentro, la piel de sus rostros por el miedo se pone clara como un albumen cocido sin yema, quizá, tal vez sea porque el núcleo ya se lo he quitado yo de sus corazones, quitado y almacenado en celdas EDA.

Casi he terminado la esterilización, pero esta vez algo parece salir mal. Advierto interferencias en mis sensores, siempre más frecuentemente los impulsos fotónicos no llegan de forma linear, se insertan cosas desconocidas que me lastiman los circuitos cognitivos. Al aproximarse de acabar la limpieza percibo imágenes y rumores que no me pertenecen, y además oigo voces. Esto no es normal.

Hoy he cogido la última anomalía, intentaba huir cabalgando una extravagante herramienta impulsada por hidrocarburos, su nombre era *Shell*, así estaba escrito lateralmente en la maquinaria. Pero ahora algo se va desestabilizando, deseo cosas incomprensibles, me falta el ruido, lo necesito: camiones rugiendo a lo largo de carreteras estériles, tanto cuanto para elevarme de la gravedad, y frutos del desierto que nadie jamás ha comido y que inexplicablemente evocan promesas y quimeras, ansío lo que llaman amor y lo que llaman dolor y mucho más, aunque no lo entienda. Pero sin duda lo que más quiero, es un sombrero de paja tejano con alas laterales encorvadas a lo alto, mientras ando con mi *BrutoTruck* a Las Vegas oliendo gasolina.

Almacenamiento EDA terminado
Día de Los Dioses / 17.051.956

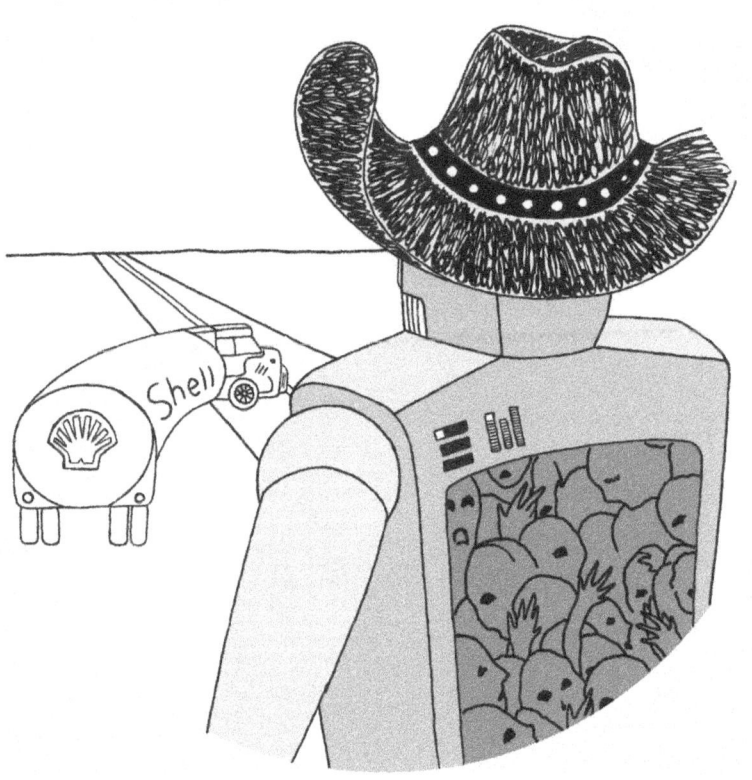

PORQUE LA HIERBA NO HA SALIDO VERDE

Siempre al final del invierno la hierba ha salido verde, todo el mundo lo sabe, los animales esperan en su madriguera hasta verla brotar.

¿Los gusanos, las ardillas, los corderos dónde están?

¡¿Pero por qué no encuentro hierba y como puedo hacer, a quién puedo preguntar?!

Ya llevo siete días volando por doquier sin poder descansar, ahora el cielo es limpio, pero nadie me ha hablado de *abejas de mar*.

HOLA, ¿QUÉ TAL?

—Hola guapa ¿qué tal? ¿Cómo te va? ¿Te encuentras bien?

—Por favor... no me lo preguntes. Me duele por aquí, por allá y no puedo respirar, parece ser asma, quizá el aire. Ni puedo deambular, todo da vueltas alrededor y además sigo sufriendo con dolor de cabeza. ¿Tú no sientes dolor de cabeza?

—¡Vaya! no seas tan trágica, es verdad que tienes cierta edad, pero yo también, y no me voy lamentando todo el día buscando a alguien para lastimarlo.

—No es mía la culpa si me asaltan estos dolores tormentosos, punzando e hiriendo sin detenerse, parece que migran bajo piel en cualquier parte y últimamente de mala cara ponen raíces, así que me quitan la vida.

—No te lo pienses y se van. Las enfermedades son fantasías, yo he atesorado un montón de años y todavía puedo lucir una cara limpia y clara, vale, algunas arrugas, pero me voy toda la noche en busca de amor y modestamente no me faltan pretendientes.

—¿Pero eres tonta...? ¡Con todas esas dolencias de qué me estás hablando! ¿No tienes un poco de sensibilidad?

—Bueno, lo lamento, pero no sé qué decirte. Me gustaría hacer algo, cuídate, mira de no tener microbios ajenos que te causen estas enfermedades, y nada más —le contestó la Luna un poco resentida a la Tierra.

UN RAMO DE ROSAS, UNA ESTRELLA PARA ENCONTRAR EL DESTINO Y UN CRISTAL DE NIEVE PARA CON-GELAR EL MOMENTO

Después la guerra hasta el último día.

EL MUNDO SIN COLOR

«Los hombres negros vivían en el mundo blanco...»

Sé que debería parecer normal, pero esto no es verdad. Los hombres negros no pueden vivir en el mundo blanco porque nadie los podría ver, ni eso sería posible en el mundo negro, como también las sombras se conformarían al color de su propio mundo.

Cuando empecé a escribir este papel me encontraba en el mundo blanco, mi naturaleza era blanca y mi Yo era blanco, así que las palabras comenzaron a describir la imagen de un mundo blanco con licencias de fantasías: los hombres negros.

Todavía nosotros del mundo sin color, podemos cambiar nuestra naturaleza incluso al gris, por darnos cuenta de que no hay verdad en nuestra imaginación y recobrar equilibrio en las nieblas donde desvanecen nuestros ensueños.

¡No existen los hombres!

Pero solo con pensar en ellos intensamente antes de dormir se pueden soñar.

Algo más que una narración.

EL REGALO DE DIOS

(Cuento erótico)

El día que me volví loco por la chica más bonita del mundo yo estaba allí. No lo puedo olvidar el 14 de enero del año 1955 mientras el aire le levantaba la falda a pliegues. Tenía el pelo rubio y nadie se movía como ella. Bellísima, la piel de marfil, feromonas rebosantes por todos los poros de su piel. No hay nada lejanamente comparable a esa mujer. Cualquier movimiento suyo brinda sensualidad, que linda figurita por el tormento de todos nuestros sueños. ¡Quién podía decirle que no sin volverse loco por la eternidad!

Reyes y todopoderosos lo habrían hecho todo para ponerse en cola solamente por la esperanza de una cena galante.

La más bonita del mundo... ¡seguro, la más bonita del mundo que Dios nos ha enviado para crear dolor al corazón de todos los hombres!

El día que me volví loco por la chica más bonita del mundo yo estaba allí. No lo puedo olvidar el 14 de enero del año 1955, mientras el aire le subía la falda a pliegues levanté la cabeza y miré lo que los otros ni podían ver en sueños. Desde entonces todos los grillos de *Manhattan* cuando me encuentran me saludan con respeto inclinando la cabeza.

EL CRUCE

Si un hombre se encuentra en el centro de un cruce puede ir adelante o volverse atrás, no me parece aconsejable pararse allí esperando la suerte.

Seguro que si alguien se pone inmóvil sin hacer ningún movimiento puede ahorrar mucha energía, y también evaluar cuidadosamente todas las posibilidades, como la de buscar alternativas prosiguiendo a la derecha o a la izquierda, y aunque parezca absurdo, considerar la oportunidad de subir verticalmente en el caso de ser provisto de alas, o bajar bajo tierra utilizando dinámicamente una pala.

No hace falta decir que con todas estas especulaciones, al llegar el camión ha sido el que ha elegido mi destino sin necesidad de cansarme la cabeza.

No me la puedo olvidar la cara con su hocico antes de aplastarme, tenía estas palabras metalizadas por delante:

«Nadie tiene santos en Paraíso sin tener diablos en el Infierno».

NO SE PUEDE DIBUJAR EN EL CIELO

Al igual que todos los niños me ponía repantigado panza arriba cerca de la orilla del río, ojeando el paseo ininterrumpido de las nubes. Buscaba elefantes, caras de Papá Noel, bergantines andando... y aún, empezaba ya a mirar, así acaso, si también recorrían el cielo algunas chicas bonitas.

Como era cansante esperar todo el día sin perder de vista la cola del desfile, por refrescarme ponía en la cumbre de las alturas cercanas una enorme cisterna de cristal trasparente, llena de distintos niveles de *Coca Cola, chinotto, aranciata San Pellegrino, cedrata*, así que cuando me encontraba la garganta seca por el duro trabajo del mirador, con un salto olímpico me hundía bebiendo en los varios estratos de estos líquidos deliciosos, hasta difluir del grandísimo grifo puesto debajo del tanque y necesario para no ahogarse.

Bien, puede parecer extraño en un crío de 6 años, pero ya entonces valoraba mi tiempo, así para no dispersar las visitas al río, reutilizaba estas diversiones posmeridianas inmortalizándolas por la mañana en mi dibujo escolar.

Pintaba con éxito cielos llenos de nubes multicolores, agradeciendo jirafas, conejos, hormigas, pollos y todas las entelequias que tan gentilmente habían posado para mí en el cielo.

25 años después, en las aulas de pintura de la *Reale Accademia Clementina*, he vuelto a pintar nubes frente al Profesor que me contestaba:

—¡No me parecen nubes! No hay nubes así en el cielo. ¡No se puede dibujar eso en el cielo!

—Vale. Y entonces, ¿por qué los niños el cielo lo pueden pintar?

Y lo envié de inmediato en el tanque con el grifo cerrado.

LOS INMORTALES

Un día encontré a Los Inmortales. Se decía que su niñez era infinita así que su longevidad no se podía ni imaginar. Nadie sabe si es verdad o si es leyenda.

«Quiero saberlo». Para averiguarlo me quedaré esperando sobre estas blancas flores de cerezo, si hace falta por toda mi existencia. No dudaré de este asunto ni un solo momento de mi larga vida.

Palabra de mariposa.

UN ENCUENTRO OPORTUNO

Cuando Nunca Más dobló la esquina regordete del palacio se encontró cara a cara con El Silencio. Enderezó la espalda y dejó atrás el sentido del oído, nadie lo volvería a llamar.

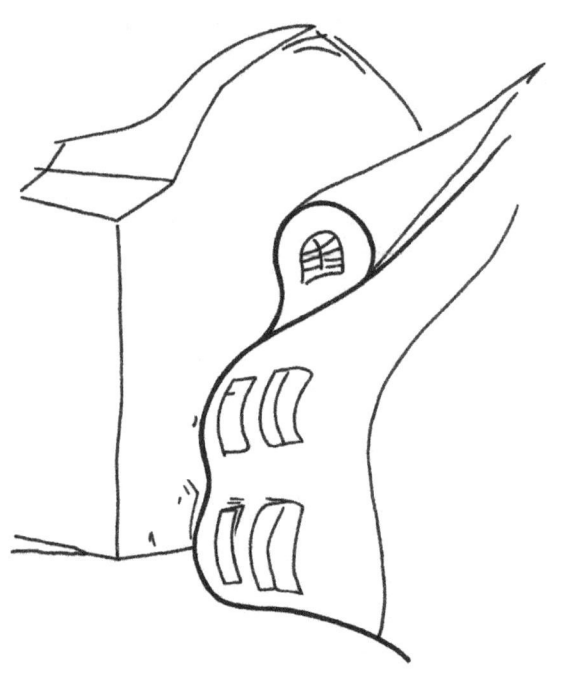

LA MAGNOLIA CON LAS RAÍCES FLORIDAS

En la comarca de los Bosques Verdes hace tiempo ocurrió un acontecimiento por su natura tan extraordinario, que por un acto de responsabilidad profesional no me puedo eximir de compartirlo con estos niños deficientes.

Explicaré las circunstancias con total profusión de detalle, que a nadie pueda parecer algo de fantasía concebido por la imaginación de un viejo caracol atontado, que ni siquiera sabe dónde tiene que orientar sus antenas para encontrar la dirección de su guarida.

—¡Por favor, jóvenes, un poco de atención, dejad de comer hierba y silenciaos!

Los hechos de este suceso son muy claros. Al final de la estación de los cristales, sucedió que Zapatos Que Pasea Con Cuidado ha sido jubilado por el Departamento Forestal. Por un evidente mal entendimiento, en su lugar han contratado en la capital un nuevo guardia forestal sin valorar las efectivas capacidades operativas.

Así que el novicio a su primer encargo, puesto frente a un hoyo para plantar un ejemplar de *Magnolia Grandiflora*, incapacitado a determinar cuál sería la parte más oportuna de enterrar, ha resuelto delegando la elección a sus criterios estéticos poniendo las raíces arriba; de esa forma le parecía más funcional y definido el contraste obtenido con el vivido vacío azul de la escenografía de fondo.

Terminada la tarea, todavía se felicitaba a sí mismo por el alto efecto dramático (aunque minimal), expresado por la deslizante y retorcida desnudez de la intricada madera que arañaba el cielo.

No es necesario decir que la magnolia, pobrecita, no se encontraba tan bien con las piernas levantadas al aire, ni los caracoles que paseaban entre sus ramas, que improvisadamente se hallaron sin preaviso en la oscuridad bajo tierra buscando la manera de subir de esa pesadilla. Sin hablar del gnomo de cabecera que de inmediato se puso operativo para encontrar la manera de invertir el sentido de la linfa vital, la cual, justamente, como de costumbre buscaba alcanzar la copa enterrada. Todo eso, por cierto sin detener maldiciones respecto al autor de esta locura y como los demás saben, ¡maldiciones de elfos y gnomos no se pueden tomar a la ligera!

A pesar de todo, por el tiempo en que despiertan las marmotas, gracias a remedios y magia liberada por el pequeño hombre hadado, hoyas y yemas empezaron a brotar a lo largo de las raíces de la desafortunada magnolia.

Podría parecer inoportuno, pero estas yemas y estas hoyas han decretado fama y riqueza de «El Guardia Loco», eso es el nombre que le han puesto vivientes y magos del claro.

Por esos brotes le confirieron a la presencia del Gobierno Municipal, la más alta condecoración *«por sus extraordinarios servicios y dedicación a la ciencia botánica»*, otorgándole La Yema De Honor, a decir de ellos, *«por su gran intuición»*.

Desde entonces, en la región de los que andan muy erguidos, se habla de él como del padre putativo del raro ejemplar de Magicus Magnolia. Además, con sumo terror de los gnomos de cabecera, ese ínfimo abrigador de mentiras va proponiendo de rotar las plantas, pues quizá, por ganar consenso y entregarse a la política, o solo para cabalgar su desenfrenado ego galopante, sometiéndose a sus irrefrenables manías de grandeza.

Así declaraba sus intenciones inclinándose con modestia fingida a los aplausos de autoridades y lugareños: «Demasiado ordinarias y vulgares las copas verdes, cuanto diversamente refinada y poética la imagen de moldeadas colinas recubiertas de nudosas raíces floridas. Esperaremos el próximo año y volveremos a replantarlos a todos por otro lado», pontificaba el guardia forestal complacido por su nueva intuición.

Bien, parece imposible, desde entonces nadie jamás ha colocado árboles con las raíces en su correcto lugar, causando máxima decepción entre los pequeños hados. A consecuencia de eso, los que andan muy erguidos actuaron para conceder una nueva condecoración. ¡Esta vez a la memoria!

Ninguno sabe exactamente lo que ha ocurrido, El Guardia Loco ha sido encontrado bien a la vista plantado arriba al cerro, ¡clavado en el terreno cabeza abajo y piernas al cielo!

Los acaecimientos que han determinado lo sucedido no han sido aclarados, todavía en el reino de los elfos, en un tiempo que parece corresponder a los eventos de los que estamos hablando, se cuenta aún de un tal ailongaM Del Bosque, insignido recientemente de condecoración de honor por sus altos servicios a la botánica, y por su gran intuición.

UN DÍA EXTRAORDINARIO

No me gustaría quedarme con el gordo, ¡más dinero, más preocupaciones! Lo sé que puede parecer una locura, también hay gente que podría decirme:

«¡Hombre!, no te agrada el dinero, relájate, tranquila, te lo acabo yo. No necesito recompensa, para mí es un placer, ni tienes que darme las gracias ya que no he robado tu billetera. Desde este momento somos compadres ¡por la vida! Tú eres el dinero yo el gasto, no hay pareja mejor».

Esto sería el mal menor y ciertamente no me atraería vivir pegada a un ratero malhumorado para no haber tenido suerte de malgastar el suyo propio.

¡No, de verdad no me gusta el gordo! Todos los días calculando posibilidades, aplicando porcentajes, dividiendo sumas, buscando direcciones de reuniones comunitarias, fluctuaciones financieras, devaluaciones de monedas, quiebras de bancos, quiebras de Estados, derrumbamientos de mercados, derrumbamiento de mi vida.

En absoluto, ¡totalmente y tremendamente complicado!

No quiero el gordo. Quiero un día extraordinario traído por un mágico vendaval, cuanto más intenso mejor. Un día donde puedo duplicarme cada vez que me miro en el espejo diez, cien, mil veces. Y cada una de las réplicas de mi misma a trabajar para mí, para ofrecerme una vida más sencilla. Una yo a recoger los niños, una yo para hacer la compra, una yo para ir a la oficina, una yo para atender a los padres, una yo para cocinar, lavar, asear, limpiar, una yo para que salgan bien las cuentas al final del mes, una yo para cuidar todo el mundo.

¿Y para mí?

Eso lo tengo claro. Me encanta ser dueña de la noche.

¡La alfombra se levantó!
Demasiado esmerada para quedarse quieta.

CUADERNO DE ESBOZOS Y OBSERVACIONES (HUELLA 3)

EL CAMPO DE LUCIÉRNAGAS

Normalmente cuando se empieza un cuento es para contar algo que ha ocurrido, o algo que podría ocurrir, o también algo que no podrá ocurrir jamás. Bien, en esa historia todo eso sucederá.

«Si un hombre es viejo no hay nada mejor que volver a la infancia; es agradable y tiene otro olor, también la gasolina parece más odorante y bonita.

Los coches rozaban fatigosamente las montañas y el río no se cansaba de gastar su tiempo andando y marchando. También los grillos parecían pura energía llamándose sin pararse un momento, todo arrancaba sin un lamento.

¡Y ahora qué! A ver donde se puede ir... sin falta al día más mágico para un niño, el tiempo de la cosecha, cuando por la noche se podían mirar miles de estrellas revolotear ligeras y curiosas en el aire, mientras preguntaban al cerezo y al higo:

—¿Quién ha cortado nuestro campo de centeno?

Pronto y presuroso sigo cogiendo cientos de estrellas en las manos, les miro parpadeando, y de verdad pensaré a cada lucecilla que vuelva al cielo como a un deseo por mi vejez, así que jamás necesite volver. Ya no tengo tiempo ni ganas de viajar».

CUENTO DE 6 NIVELES

Para que este cuento se pueda definir, hace falta que se explique claramente su desarrollo antes de contarlo. Los elementos o niveles fundamentales para su construcción son 6 y cada distinto nivel necesita ser desenvuelto de manera adecuada para conferir ritmo entre los varios eventos, así que el cuento pueda evolucionar armónicamente hasta el final.

Nivel 1 : (introducción y descripción del paisaje)
La llanura estaba quieta, árboles, arroyo, montañas, todo pintado de tranquilidad, también las nubes se quedaban inmóviles en el cielo terso

Nivel 2 : (presentación elemento céntrico del cuento)
Llegaron los hombres del cielo golpeando el aire con sus largas alas...

Nivel 3 : (desarrollo imaginativo del contexto situacional)
Por doquier el mundo se alegraba, las hembras del cielo por primera vez estrenaban sus iridiscentes plumajes y exhibían sus adornos,

Nivel 4 : (motivación antropológica del contexto para delinear el devenir de los eventos)
Cada 1000 años dejaban la Montaña para volver a la tierra y nadar en el aire frío del claro revoloteando.

Nivel 5 : (despliego momento tópico y conclusión)
hasta que las estrellas hundieron del cielo rodeando el claro mientras todo el mundo les daba las gracias rogándolas. Cuanta ternura y amor allí donde las estrellas se mudaban en diosas.

Nivel 6 : (final)
En aquel mismo instante.
¡Llegó el Demonio!

FIN

CUENTO DE 6 NIVELES

REVELADO

Nivel 1 :
La llanura estaba quieta, árboles, arroyo, montañas, todo pintado de tranquilidad, también las nubes se quedaban inmóviles en el cielo terso, después que la brisa fatigada se deslizó abajo para descansar a la sombra de los árboles seculares.

Ni un ruido, ni un olor en el aire permanecía suspendido, nada que pudiera despertar los sentidos. El devenir se había quedado, el tiempo se había quedado, él también esperando.

Nivel 2 :
Llegaron los hombres del cielo golpeando el aire con sus largas alas... parecidos a ángeles reflejaban alrededor rayos de luz mientras se acercaban al bosque. Bandadas de miles de almas trasparentes que se aprestaban a mudarse en tornado silencioso al llegar a su destino.

Nivel 3 :
Por doquier el mundo se alegraba, las hembras del cielo por primera vez estrenaban sus iridiscentes plumajes y exhibían sus adornos, miles de palabras pegadas en cada pluma para no dispersar ni un solo momento de sus extensas vidas y cada palabra se ponía a la espera ansiando

precipitarse a la tierra, buscando eléctricas memorias de otras existencias almacenadas por la materia y el tiempo y confiando que volver al cielo es su destino.

El día más sagrado había empezado, mañana nada de lo conocido permanecerá. Algo distinto evolucionará este mundo que por fin se quedará silente, en espera que las bandadas vuelvan otra vez para donar el «cambio».

Nivel 4 :

Cada 1000 años dejaban la Montaña para volver a la tierra y nadar en el aire frío del claro revoloteando. Los hombres se pusieron al exterior remolinando, mientras que las hembras se disponían centralmente en el ojo de la espiral buscando con movimientos circulares la energía de un mundo.

Alrededor del claro (progresivamente expandiéndose), la vida aniquilaba a lo largo de la superficie del planeta. Quedaron solamente ceniza y polvo.

Durante todo el día inaudibles chillidos se llamaban al suave aletear, mientras el huracán bondadoso desenvolvía hasta la vuelta estelar.

Nivel 5 :

Por la noche las palabras ni siquiera pronunciadas se mudaron en graznido, hasta que las estrellas hundieron del cielo rodeando el claro mientras todo el mundo les daba las gracias rogándolas. Y flores de cristal brillando subieron de la tierra para detenerse a mirar el encanto. Cuánta ternura y amor allí donde las estrellas se mudaban en diosas.

Nivel 6 :

En aquel mismo instante.
¡Llegó el Demonio! Y me come.

«Nunca más, nunca más sin contar las palabras que faltan al final del cuento. ¡Y no valen las implícitas! o así creo, si no me equivoco...

Ahora pero tengo un problema, ¡de verdad si estoy muerto, como pude escribir el cuento!».

ÉRASE UNA VEZ

Con voz melodiosa me conté mi cuento, todos los niños necesitan un cuento para dormir y como siempre antes del final empecé mi sueño.

«Érase una vez...

Una noche oscura y tormentosa, y todas las criaturas iban escondiéndose al llegar el "Hombre Negro". Ululaba como un lobo intentando entrar para buscar chiquitos bajo las literas. Tenía cráneos colgados de la cintura, y llamaba asomándose a las ventanas y diciendo:

—¿Dónde están mis pequeños cráneos? ¿Dónde están mis adornos?».

No hay nada que pueda atemorizar un cachorro más que el *Hombre Negro*, con sus ojos oscuros y sus garras largas matando a niños para despertarlos.

UN RELATO TAN BREVE QUE CASI NI SIQUIERA HA EMPEZADO

—¿Por qué no me hablas?
—*Ambarabà cicì cocò, ambarabà cicì cocò...*
—Vale... ¿Y si volvemos un poco atrás?

EL CIEGO

(Generación matusalén)

La mañana cuando lo deseo, los párpados nunca se abren, por eso les hablo con ternura y tanta molicie, confío que me entreguen a mí también un poco de su talento.

Normalmente les permito despertar a tiempo por si acaso dispongan planear a dónde irse; por supuesto no se lo puedo decir yo, ni barruntar, ellos mismos lo aciertan tras moldearse y matizar la piel, y jamás me han decepcionado en sus recorridos mañaneros.

Después de unos frémitos y un atisbo de movimientos, despliegan sus alas naranjas y negras en espera de cobrar energía, y subir milagrosamente en la gloria de Dios para lucir sus libreas.

Con la misma trepidación yo también espero, para mirar todo lo que ellos/ellas ven, si bien azorado y disminuido por la cortina negra que me aparta de las ilusiones que perciben los demás.

Hoy es un día extraordinario, muy especial, y no quiero asustarlos/las, les espera un largo viaje.

Al desprenderse de mi cara cariñosamente (sin disfrutar ni de un aliento) se libran discretos/as en un vuelo de incertidumbre direccional. Mariposas Monarcas extendiéndose al aire, estupendamente y obsesivamente rodeándose una a otra, hermanas, para irse nuevamente a su comienzo, raíces, principio, inicio. Quedo silente en la litera mirando por sus mosaicos de lentes corneales... ya lo veo todo, Heroica Zitácuaro, los tupidos bosques de oyamel con sus ramas en forma de cruz oscureciendo maleza y venenillo, y entre los árboles, escondido, el lugar más rebosante de vida por cm^3 de todo el planeta, el Santuario.

¡Madre mía, cuántas hermanas tengo aquí!

Me gustaría hacer lo mismo volando ligera, aunque soy demasiado pesada con la litera para librarme al cielo.

LA HORMIGUITA REBELDE

Todos los días en la escuela, esto no me gustaba. Una hormiguita no tiene que atender a los libros para aprender como arrastrar un grano de arroz, ni para escoger el lugar más adecuado donde posicionar el almacén, es bien conocido que lo mejor es demorarlo bajo tierra. Todo este gasto de tiempo no tenía sentido.

Pero un día el maestro leyó de la cigala, de su canto, de su vida feliz bajo el sol.

¡Por supuesto que era importante estudiar!

Lastimándome por el tiempo perdido, pronto subí al Crucero Negro para viajar a cualquier disabrigada vida.

En verdad me han dicho que en mi vieja escuela han quitado el cuento del programa escolar.

OCÉANO NEGRO

Bajo su superficie inquebrantable una multitud de vidas enfurecidas merodeaban juntas, buscando nuevos dominios, nuevos territorios tenebrosos donde cazar y multiplicarse.

Monstruos que ningún marinero podría halagarse de haber mirado sin dejar en cambio su vida.

Compactamente se hundían en la negrura a bandadas, buscando nutrientes por todas partes en el infinito fluido oscuro. A veces se apiñaban entre filamentos azarosos parecidos a algas descompuestas, al acecho de algo bastante grande para satisfacer sus hambres, en aquel interminable orbe líquido que nadie jamás había conseguido explorar por completo.

Al fondo del océano una grieta infinitesimal se había producido, quizá por el querer de Dios; una grieta tan pequeña, casi invisible.

4000 años después todo un mundo se había desperdiciado por ella, ni una vida había sobrevivido, y sus antiguos monstruos ahora se encontraban pegados al cóncavo desierto negro que un tiempo había contenido aquel océano ciego sin fin.

Al instante el mundo cambió, al levantarse la tapa el ánfora se llenó de luz.

LA TENTACIÓN

Si miro un diablo lo quiero, si miro un ángel lo quiero también.
Hermosos y magnéticos quizás de manera diferente.
Ángeles y diablos todos hijos de Dios.

DE DONDE NO LLEGA LA LUZ

No es verdad que las olas se originan por el viento, ni que los movimientos de las corrientes sean consecuencias de las distintas temperaturas marinas. Y es mentira que la luna sea tan fuerte como para producir mareas.

Somos nosotros, Los Cantores, los que van causando todo eso.

¡Nadie se entera de nosotros! ¡Por supuesto! Vivimos ocultos en los abismos marinos más profundos de donde no llega la luz.

Repetidamente vamos deslizando, impulsados hacia atrás por la fuerza de nuestros cánticos devastadores que todo arrollan por delante. Oleadas de cantos y contracantos colisionando entre ellos, elevándose desde fosas oceánicas como tornados submarinos, azotando gotas, plancton, peces, para que se pongan en marcha a ritmo; más potentes son las señales vocalizadas, más valiosas serán las olas delante de los farallones.

Son esas vibraciones las que hacen vivo el mar, ¡eternamente en movimiento!

Entregados a la perfección vamos buscando la calidad del timbre, la potencia de su modulación, experimentando ásperas alteraciones blandir encanto líquido en la garganta. Turbulencias sónicas que alejándose van dispensando vida y muerte en las vastedades marinas.

Constantemente evolucionamos en el tiempo: días, años, lustros, ensayando ininterrumpidamente, ganando derecho a subir, a llenar al fin poderosos pulmones con aire para estallar nuestra melodía hasta el vacío cósmico en las profundidades celestes, sembrando nueva vida.

Cerca de la orilla, diminutas criaturas antes de convertirse en gorgoteante espuma⁽*⁾5 se llenan de aire, hinchándose, volviéndose transparentes, hasta que sus relucientes epidermis parecen ampollas de jabón al emitir su último canto silencioso, que desvanece ¡*Puff!* en una nieblita de arcoíris.

---

5   Una molécula pequeña (bajo ciertas condiciones) puede viajar más allá de los espacios interestelares... desde la espuma de una ola a la nube de Magallanes.

¿POR QUÉ NO?

Si te entra el malhumor puedes matarla o salir de casa...

En muchos países se va diciendo que de vez en cuando la lluvia cae sobre lo que ya está mojado. Bien, en mi hogar esto ocurre todos los días.

Al marcharse de la vivienda después de la comida, como mínimo se te pega el estómago al hablar con el policía que te contesta el nivel de alcoholemia en la sangre.

—Por supuesto que es tu maquinaria infernal la que tiene problemas, no yo. ¿Cómo puedo comer sin tragar tres vasos de vino? ¡Y no es verdad que parecen garrafas!

Pero si tienes suerte y no encuentras el policía, seguro que se te pega un ratero enfadado que exige que vuelvas a tu piso a coger la cartera, porque no es correcto salir sin ella poniendo trampas a su trabajo. Y si no hallas ni el policía ni el ladrón, tranquilo que te vas a chocar con el padre de tu última batalla de amor, que con mala cara te pone frente a tu responsabilidad por el nuevo angelito que se acerca. Y no sirve de nada negarse con gallardía a evitar el socorro sanitario y los camilleros, que luciendo la estrella de la vida te tiran al hospital olvidándose de abrir la puerta posterior de la ambulancia antes de lanzarte.

Es cierto, salir de casa no es algo fácil, y entonces ¡no queda más remedio que la otra posibilidad!

EL ÚLTIMO DESEO

Tengo 99 años, no bebo, no fumo, no hago más el amor y faltan pocos días a mi muerte. ¡Me aburro! Qué puedo hacer si no fastidiaros a vosotros.

Me gustaría tener una lengua bífida para saborearte y disfrutar de tu sabrosa boca y por otra parte explorar las profundidades de tus maravillosas narices...

—Señor... ¿señor me escucha, me oye? Entonces una lengua bífida, ¿he entendido bien? ¿Y no quiere una piel más suave y deslizante? Ahora está arrugada y no parece muy agradable a la vista. Vale, entonces también la piel. Y como ya está aquí podemos modificar la estructura interior, tonificar y elastizar los músculos, cortar los brazos, reunir las piernas para obtener una figura más sensual y envolvente. ¿Vale?

No he comprendido bien todo lo que me han dicho y francamente me da igual.

Ahora he vuelto a ser un chico de veinte años, no tengo más dinero en el banco pero para qué si puedo ir andando siseante por la jungla buscando mi pitón.

¿PERO CUÁNTOS DIOSES TENEMOS EN EL CIELO?

Es decir, si me pongo bajo un árbol de manzanas no es obligatorio que un pomo tenga que aplastarse en la vuelta de mi cabeza. Hay un montón de probabilidades de que esto no ocurra.

Como (siempre por las leyes de las probabilidades) es también aún más improbable que sin causa alguna me puedan centrar el blanco dos frutos consecutivamente, unos después del otro.

Pero nadie seguramente podría sostener que un hombre ha muerto, porque todas las manzanas del árbol de manzanas más grande de España han decidido ahogarlo sin aparente motivación.

Descansaba unos momentos levantando arriba uñas y polainas por debajo de sus frondas, solo para recuperar energía durante mi largo camino a rendir homenaje a Dios.

¡Cómo pueden ocurrir hechos así imposiblemente enloquecedores!

Y también, cómo es posible que hoy pueda leer esto: *«Hombre muerto bajo manzano, inexplicablemente ahogado en compota de manzana»*.

Quien puede gozar de ese destino milagroso sin tener un proyecto concordado con los Dioses del cielo.

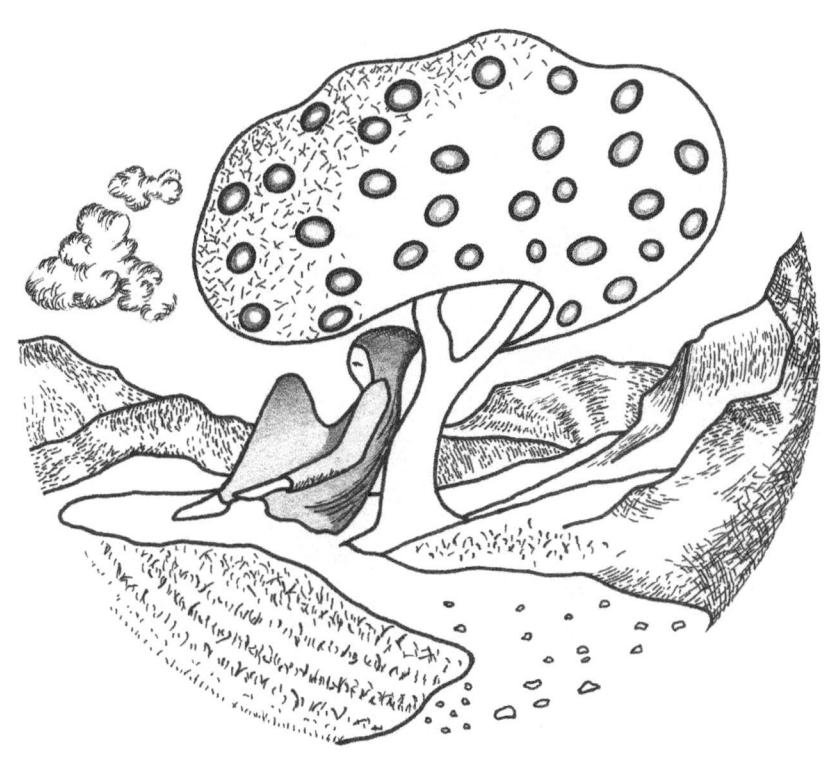

ES LA HORA AZUL

Sean quienes sean, todos salen de los problemas al llegar la hora azul.

—¡No, tú no vienes nena! «Ahora sí».
—¿Y eso qué es? «Así es».
—¡Vamos a pedir su cabeza! «Nadie lo ha hecho».
—Volvamos ¡no quiero matarte! «Se quedan llorando».
—¡Gritando a todos los vientos! «Nos contesta el silencio».
—Sea como fuera. «Ha sido mejor».
—¿Cuándo llega la hora azul? «Faltan 10 mil años cada vez que nos lo preguntamos».

LA NUBE

Mi nombre es **xzy**, soy un escrutador robotizado de alto nivel.

Aunque no lo parezca, tengo conciencia cibernética para escudriñar y elaborar todos los mínimos movimientos planetarios sensibles. Así que mis celdas ópticas, pueden relevar cada evento aleatorio producido en la superficie de la Tierra, determinarlo, registrarlo y por trámite de una evaluación comparativa revelar sus consecuencias a la Unidad Central.

La economía de todo el planeta depende de mis observaciones. Puedo computar al micronanosegundo área y tendencias del agujero de ozono, evoluciones interiores y exteriores del sobrecalentamiento terráqueo, derretimiento de los casquetes polares, tsunamis, terremotos y cada acaecimiento que pueda proporcionar una fuente de ganancias.

Por cualquier elemento detectado, utilizando un algoritmo variable, tengo la capacidad de interpretar su evolución y prever al céntimo los factores macroeconómicos consiguientes. Acto seguido envío la relación al Constructor. Eso es mi deber, señalar y elaborar proyecciones gráficas digitales de cualesquiera circunstancia rentable.

—Estación robotizada **xzy**. A las 8:46 a.m. he localizado una nube de polvo de cristales exactamente arriba de la Unidad Central. Estas son las exactas coordenadas de referencia: 40°42'42"N 74°00'45"W.

La nube tiene una estructura variada, partículas de silicato de calcio, hierro, plástico, sílice, pumita... y trazas de ADN humano.

Sus componentes son bastante inusuales por una aglomeración atmosférica, pero todo eso no me parece importante, no creo que pueda comportar relevancia económica para el Constructor. Ya he escaneado 100000 millones de terabyte de informaciones almacenadas en mis archivos mnemónicos y no encuentro advertencias, ni peligros comerciales consiguientes a la presencia de una nube de este tamaño sobre la ciudad de Nueva York.

Puedo asegurar que no hay nada que pueda originar repercusiones económicas considerables, solamente una excentricidad meteorológica.

—Unidad Central no capto respuestas de la señal, contestadme...
—Unidad Central se ha interrumpido el flujo...
—Unidad Central...

MICRORRELATO

Todo un día mirando el papel y preguntándome qué podía escribir. Así para no ser perezoso empecé de esta manera:

—Mi querido amor...

Y como por falta de inspiración no sabía cómo continuar he puesto el cuento bajo las lentes de un microscopio, y de verdad mágicamente me ha salido un micro/cuento.

—Mi querido, querido, querido amor...

EL DÍA DE LA BONDAD INFINITA

—¡Por Mí! Qué guaaapa.
Una mujer preciosa que puede cortarte a *julienne* el corazón.
¡Qué porte pasional!
No me lo puedo creer, su larga cola, sus modales me ponen candente.
Sus ojos, su boca, sus branquias, me van a morder el latido de la creación.
La quiero más que todo y mi bondad es infinita...
Hoy es un día de sereno variable en un mundo inundable.
Que sea libre de viajar por todas partes.

EL HOMBRE QUE NO QUERÍA JUGAR A CARA O CRUZ

Se dice que cuando un hombre escoge vivir, después no tiene más ningún derecho sobre su propia vida. Todo ya ha sido escrito en el *fatum* no falta decir nada. Entonces por qué responder a las preguntas que te pone la vida, no es correcto jugar en contra de tu propio destino.

Así que cuando la voz me ha demandado por primera vez:

—¿Qué quieres, hombre o mujer?

No he contestado nada. Ni también cuando me ha solicitado nuevamente:

—¿Entonces, pequeño o grande?

Y de la misma manera aún me he quedado mudo a su instar:

—¿Y qué prefieres, feliz o enfadado?

No he devuelto ninguna respuesta. ¡Esto ha ocurrido por toda la vida hasta hoy!

Hace unos pocos minutos que la voz como siempre, me va inquiriendo con molesta determinación:

—Bien, vamos a ver si me vas a contestar esta vez. ¿Vida o muerte?

No sé si ha sido justo y honorable por mi parte no tener el vicio del juego sobre mi vida, jamás he tirado al aire la moneda para decidir algo. He elegido para mí la nobleza del destino, pero ahora me parece lamentable encontrarme así, dando vueltas en el aire ladrando lamentosamente bajo un lienzo blanco, sin rasgos de sentimientos en la cara y además de una altura casi parecida a la de un enano, y por Dios también hermafrodita.

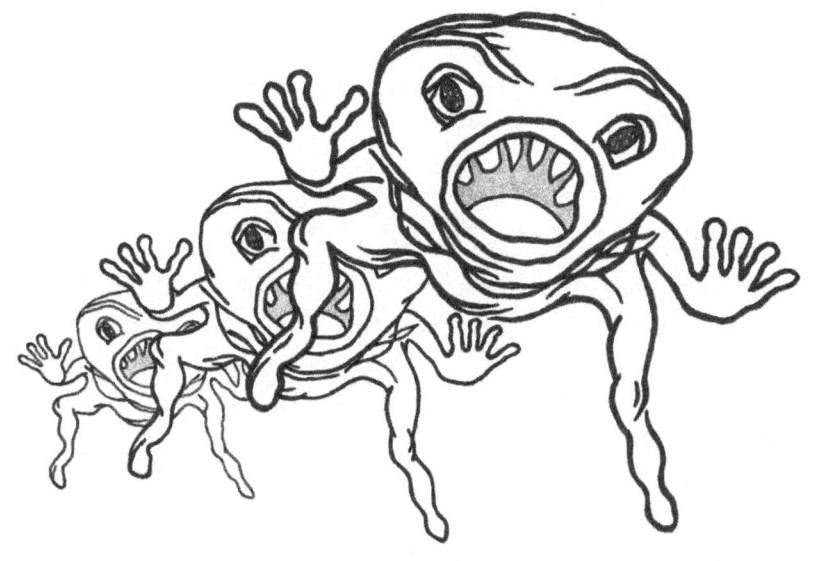

Brincaba y brincaba en el dibujo. Por fin cansada se quedó.

CUADERNO DE ESBOZOS Y OBSERVACIONES (HUELLA 4)

MARE MONSTRUM

—¡¡¡*Mucha lupa en culo ballenón!!!* —vitoreaban los marineros terminando por fin la última ballena. A ritmo gritando, levantaban arpones sangrientos al cielo salpicándose la cara, arrojando al aire sus gorros azul oscuro tupidos por la sal marina.

—¿Por qué desearon deciros eso? —se preguntaban los cuervos marinos. Nadie podía oírlos en sus exclamaciones de ganancia si no ellos mismos. ¡Qué honor podían traerse si los vencidos no los podían escuchar!

Así pues, atemorizados, reflejaban entre ellos mecidos por la brizna en la cofa del palo mayor.

—¡¡¡*Mucha lupa en culo ballenón!!!* —perseguían gritando repetidamente a lo largo de fiordos perdidos, labrando fondos oceánicos y también surcando mares de hielo. ¡Sin detenerse!, hasta que al final bajo las aguas todo estaba limpio, nada de peces, algas, corales, pura agua sucia, tampoco la sal se podía encontrar si no lamiendo sus gorros.

—Por eso el mar se ha comido otra vez a los humanos —gruñía el viejo cormorán dando clases de vuelo a los polluelos—. De veras me molesta que nadie ha tenido tiempo de explicarme lo que tan fuerte aclamaban.

Con sosiego miraba el perfil con cuernos de las poderosas olas alearse raudamente, ganando al cielo un nuevo horizonte.

Retorciendo el cuello volvió a cuidarse de los menores que graznaron más fuerte.

LA PASSWORD

—Bueno Don Esmeraldo de la Plata de Oro, esta es su *password*, si no quiere perder su dinero, que ahora es también mi dinero, nadie por ninguna razón tiene que conocerla. ¡No hable de esa *password*! No lo haga con nadie, ¿me entiende?

Éstas han sido las exactas palabras del Director de mi banco. De verdad no he comprendido muy bien de qué estaba hablando, ni sé qué es una *password*. Tengo una cierta edad y además me olvido de todo.

Pero como soy hombre previente y no me falta experiencia, la he tirado al contenedor de la basura, así que nadie me la pueda robar.

—Sí, ¡exacto!, el de color naranja con los grafitos obscenos a la esquina de la calle Birlesca con avenida Columbrador.

EL HOMBRE, LA MUJER Y LA CIRUELA ROJA QUE NO QUERÍA SER COMIDA

No es cierto si la historia sea verdadera, por supuesto no parece tener sentido pero… entonces, todos han conocido parejas de hombres y mujeres y por eso no hay nada de extraño por lo cual alguien se pueda destrozar la cabeza.

Como al igual, quién no ha encontrado una ciruela roja al interior de una tienda de frutería, ¡y por qué lamentarse por eso! Es normal encontrar hombres y es normal encontrar ciruelas… pero no es normal hallar un hombre y una mujer, corriendo por la calle detrás de una ciruela roja que escapando sin apoyar las piernas al suelo va gritando:

—¡Por Dios no quiero que me comáis!

EL MOSQUITO

Siempre desde pequeño había oído hablar de las leyendas de los humanos, así que cuando empecé a volar buscaba constantemente el *Ojo de Dios*. Qué oportunidad para mí encontrarlo y enterarme de todas las preguntas y sus respuestas.

Un día descubrí una diminuta quiebra en el lugar redondo donde vivían los hombres con los delantales blancos, con mucho cuidado me fui al centro de la habitación, y ¡allí estaba!

He tenido suerte, he mirado otro mundo un minuto antes de ser aplastado.

¡CÓMO PODÍAN TRABAJAR CON LA CABEZA ABAJO!

Me llamo Marco, soy mercader, explorador y hombre valiente de la Serenísima República de Venecia. Mi blasón es una banda oro en campo rojo cargada por tres «pole» [6] graznando.

Me gusta aprender con conocimiento de causa, por eso todavía chiquillo, no me quedó suficiente leer en el antiguo tomo escondido bajo la baldosa de la biblioteca, ¡que la tierra era redonda!

Si esto es verdad y yo tengo la cabeza levantada hacia lo alto, ¡por cierto los chinos que se hallan al otro lado de la esfera se la encuentran abajo!

Y como soy un estudiante atento, mejor ver ese milagro extraordinario directamente.

No hace falta decir, que también tenía curiosidad por saber de qué modo las chinas resolvían el problema de sus faldas. ¿Se las sujetaban con ciento de hilos a sus zapatos de loto dorado porque no se les cayeran hasta la barbilla mostrando a todos sus bragas?

Empecé el viaje tragándome Anatolia y Armenia, después Mosul, Bagdad, la Persia y el Pamir. Me convertí en lagarto en el desierto de Gobi y en carpa en el Río Amarillo, hasta llegar en fin al Catay donde 10000 elefantes me esperaban sentados con la trompa erguida.

Con mi suma maravilla esa gente con ojos de almendra paseaba con los pies en su correcto lugar, pisando la tierra por supuesto, y atemorizados me preguntaban con inquietud como podían trabajar los

---

6 Especie de ave paseriforme perteneciente a la familia *Corvidae* presentes en los territorios de la antigua República de Venecia.

venecianos testa abajo, ¿no les venía la sangre a la cabeza?

Esto ocurría más de setecientos años atrás; conté a mi tatarabuela casi dormida en la mecedora bajo su manta escocesa hecha un ovillo.
—¿No te parece divertido?
—... ¿En serio? —contestó ella después de unos momentos bizqueando los ojos al recobrar la lana en su regazo— ¿Los chinos no trabajan con la testa abajo?
—Tata, que no... es una broma.
—¡¿Y si los miras desde la luna?!

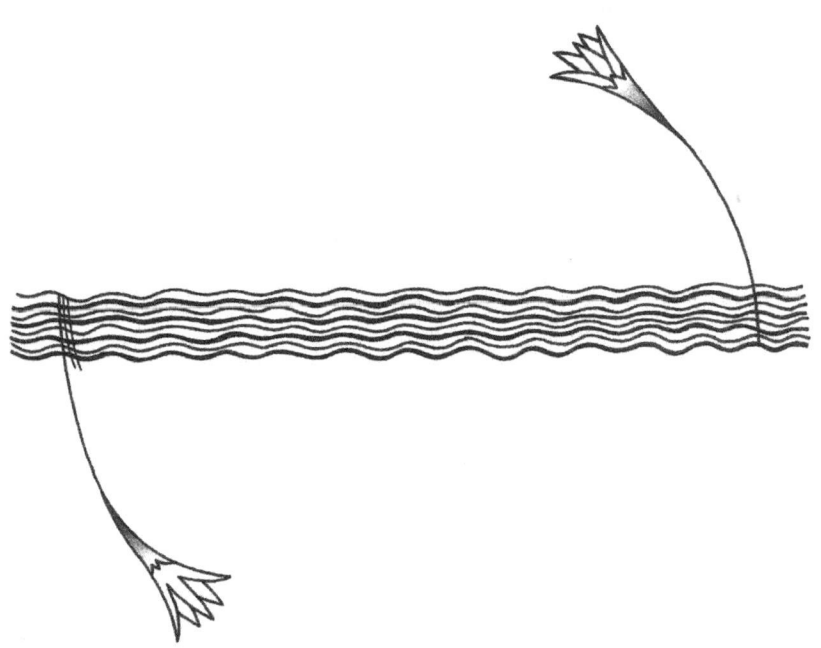

ARTURO Y EL PAQUETE

No siempre las cosas se ponen bien por el arte. Hay que considerar las limitaciones del artista, la calidad de los productos, la inspiración y también el hado.

Sí, porque sin tener en cuenta las primeras consideraciones, que ya no se pueden pasar por lo alto, no es posible en verdad pugnar también con el destino, ¡especialmente si se llama Correos!

—Bueno, se tranquilice, le enviaré la obra trámite Correos. Por supuesto, ¡de inmediato! Nos sobra tiempo 35 días antes de la exposición, y por seguridad voy a enviar el paquete como carta certificada. ¡No puede ocurrir nada!

Así había dicho con timbre resoluto al señor Yo Puedo Exponer Todo También Tus Zapatos, y ya el primer día no se encontraba en la página web la expedición.

Miré otra vez en el localizador de envíos el día siguiente, ¡y aún nada!

—¡Le digo que no! En el estado de envío no está admitido.

Así empecé diciendo en la oficina de Correos antes de que el empleado me despidiera de manera firme contestándome:

—Caballero lo siento, pero Usted no puede presentar una consulta ni una reclamación antes de 15 días.

Y esto es lo que argumentó 15 días después:

—Caballero no se preocupe, este es mi trabajo, sencillamente no ha sido cargada en la página web la salida del paquete, no pasa nada, algunos días y seguro que se arregla. En todo caso Usted tiene el recibo, el número de código, el *ticket*, ¡no hay posibilidad de falta! Espere pacientemente otra semana.

—Caballero no se preocupe —me andaba repitiendo el responsable de reparto 25 días después del envío.

—Caballero no se preocupe —me contestaba la directora de la oficina 35 días después del envío.
—Caballero ahora ha llegado a Alemania...
—Pero como, ¡la exposición es en Italia!
—Caballero ¡ahora ha llegado a Inglaterra!
—No se preocupe...
—No se preocupe...
¡Y por qué preocuparme si ya ha cerrado la exposición!
Bien, no quiero enfadarme, pero ya que no me gustan las cosas pendientes quiero hablar con el Jefe de Todo, el Muy Excelentísimo Director General Señor Arturo.
—Le llamaba por el paquete, sabe... el que no se encuentra, ¿cree usted que sea posible saber más?
—Vamos, seguro. ¡Esto es mi trabajo! ¿Y qué hay en el paquete?
—Nada.
—Como... ¿Y por qué entonces lo ha enviado?
—¡Para darme cuenta si Correos es fiable!
—Me parece una locura, pero bien, a ver... le voy a decir todo ahora mismo. ¿Me puede proporcionar los datos y también la dirección del envío?
—Por cierto, aquí tengo un papelito, pues que soy un hombre meticuloso me gusta hacer las cosas de manera ordenada. Entonces, numero de envío RR000000000ES. El *ticket* tiene la fecha del siglo V a. C. y me ha salido 14 con 55 céntimos, y la dirección es: *'Por el Muy Excelentísimo Director General Señor Arturo Lelo Alelado y Bobo y Burro y Tonto de Mis Cojones. Calle: Correos Sin Piernas. Ciudad: ¡No me Digas!'*.
—Bien... ¿Y la calle no tiene número?

DICCIONARIO APÓCRIFO —

TOMO DXVII

(Definición de términos)

Exégesis

El Diccionario Apócrifo tiene entre sus múltiples cualidades la de configurarse al visitante que *pro tempore* ocasiona sus servicios. Comparte sus divulgaciones desde la Nueva Época Paleocristiana y ha sido revaluado en las últimas décadas por su usabilidad adaptable, apta para determinar la definición más adecuada a la estructura encefálica del eligiente, de conformidad con lo establecido por el Departamento de Diferenciación Existencial.

Así que si se designa por ejemplo la palabra *"palabra"*, el Tomo DXVII nos proporciona sus eruditas explicaciones de forma sencilla aunque elocuente:

«La palabra *"palabra"*, como todos los términos del diccionario, abarca billones de posibilidades de respuestas distintas por cada interrogación, de modo tal que si a consultarlo fuese un pícaro, la respuesta sería "Acto incumplido suspendido en partículas de vapor". Diferentemente si al consultarlo fuese el diccionario mismo (por su gran ductilidad) la respuesta por el término palabra sería "Acto cumplido suspendido en partículas de energía solar". Y de la misma manera si la consulta fuera realizada por parte de unos gatitos pulgosos, la respuestas sería "Acto vocal con lo cual uno mismo se hace llamar tres veces al día al llegar la comida". Y así, por consiguientes a los peces "Acto que no se puede cumplir pero que un día lo haré"».

Todo evoluciona en modalidad automática. El único peligro que puede ocasionar un *black out*, es la posibilidad que un elemento no encefálico pueda poner una pregunta al diccionario, en este caso no deben atreverse a hacer nada, será suficiente avisar Vigilancia Apócrifas para que se encarguen de la remoción de la unidad no animada en proximidad del diccionario; unos minutos y los técnicos proveerán el objeto de alma, así que Diccionario tendrá una respuesta más.

EL DÍA QUE ME ATRAPÓ LA SUERTE

No hace falta decir que un hombre tiene por lo alto de todo su orgullo y también no hace falta decir que esto no está en venta, siempre que hablamos de un verdadero hombre.

El dueño de un hogar no puede dejar su madriguera porque dos hijos de puta llegan sin decir nada a nadie y se desplazan en tu cuarto sin pedir permiso.

¡Esto es lo que ha ocurrido! Y por supuesto, lo juro, es verdad sacrosanta.

Pero ya te lo digo, bueno, tu puedes meterte en mi casa, ¡pero nadie me puede quitar de aquí, nadie!

Pues, así le estaba diciendo mareado desde el interior de la jaulita de madera, mientras buscaba balancearme sobre las piernas traseras en equilibrio precario agarrado a las varitas de la celda.

10 km en coche... el grande hijo de puta y su mujer antes de descargarme cerca de un arroyo, sin nada de nada alrededor, y mierda, los dos bobos como beocios me sonreían.

—Vete pequeñito, ándale ¡eres un ratito tan bonito!

Siete horas andando antes de llegar a casa, maldita sea la mala suerte; esta es mi casa no me voy de aquí, tengo una reputación, ciento cinco generaciones de antepasados han nacido en esta torre y me miran. No, no me voy, ¡ni si me hacen un hechizo que me vuelva gato!

¡Y desde ahora por la eternidad guerra!

¿Tenéis una despensa, tenéis queso? Bien, tu queso es mi queso.

Así andaba diciendo en el mismo instante en que me encontré atrapado por una sucia cajita de papel aparecida mágicamente del cielo.

Y nuevamente la voz de los idiotas:

—Mas no puede ser el mismo ratón.

—Te digo que sí, ¿no lo has mirado? Tiene una diminuta mancha clara detrás de la oreja —rebatía la arpía mientras el coche bajaba la ladera del cerro.

Vaya, 35 km... ¡Maldito hijo de puta! Estas vejigas bajo los pies me las arreglará tu puta madre.

Cuatro días por bosques maldiciendo serpientes y riñendo con gatos antes de regresar a mis propiedades.

Ocho veces los muy cabrones me han deportado, y ocho veces mis piernas me han devuelto. ¡Joder!, qué pérdida de tiempo.

Bueno, esta vez he oído los bobos decir que no volveré, vamos a ver si es tan fácil matar un hombre. No tengo miedo, mi vida ha sido siempre una batalla, nadie me quita la vida sin mi permiso, ni siquiera estos dos tontos.

Miradme bobos, miradme bien a los ojos, no me llevaréis otra vez de aquí. Esto les decía mientras por novena vez subía al coche. ¡No me conocéis, nada me podría dejar lejos de mi hogar, ni 200 km de autopista, me da igual! ¿A que no sabéis que no hay paz sin honor?

Cinco minutos y de manera brutal me arrojaron a la tierra sin ni siquiera argumentar una palabra de despedida. ¡Nadie puede no hablarme así!

Y qué es ese olor...

¡Dios mío una enorme fábrica de queso! Ya lo veo, tierno, cremoso, sabroso y distinto en estanterías por añadas.

¡¡¡Demonios, qué suerte!!!

POR EL OTRO LADO A LA MISMA VELOCIDAD

Necesito mantener el paso, no puedo desconcentrarme, no hay otra opción si no quiero acabar con todo. Las piernas se adelantan arriba de la Autopista Transoceánica Ecuatorial sin esperar que la química del cerebro se lo imponga, una maquinaria orgánica biogenéticamente perfecta, carburada por disciplina y psicoentrenamiento selectivo apto a la producción de macro endorfinas. Tal y cual a un turbo reactor nuclear como hidroasfalto a la velocidad de 1669,79 Km por hora.

Incesablemente dispongo sinapsis en su estado de máxima funcionalidad, para que puedan liberar impulsos eléctricos fluidamente sin posibilidad de fallar. Músculos, tendones, huesos, vibran al unísono solicitados por la velocidad.

No puedo arriesgarme a comer. Cada 15 días una inducción neuroreguladora me insta a introducir píldoras de alto contenido nutriente; sujetada a los hombros llevo una mochila hidrotérmica de mantenimiento refrigerado, cargada de tabletas idóneas a proporcionarme esa velocidad de forma constante por más de 900 años. El mantenimiento de la velocidad es fundamental, si no quiero encontrarme con la cara oculta de Dios.

El *aura epidermis*[7] dispone de sistemas automáticos para el reciclo total de fluidos y vapores, si mantengo la concentración creo que no tendré problemas.

Ya hace tiempo que ando corriendo hacia el oeste, desarrollando

---

7 *Envoltorio electrostático que rodea una unidad orgánica. Utilizando atracción electromagnética intermolecular determina retención y reciclo de sustancias fluidas en dispersión.*

máxima potencia a lo largo de la Autopista Ecuatorial que rodea ininterrumpidamente el planeta. Los primeros días han sido una barbaridad, pero soy atleta riguroso y maratonista acostumbrado a empresas extremas, ¡lo peor ha pasado! He tenido suerte, unos minutos antes de llegar al amanecer me entregaron su último mensaje: «¡Quédate allí que no llegues a la luz! Vuelve atrás a la máxima velocidad y no dejes jamás la oscuridad». Después nada más.

En este planeta de locos no hay alguien en quien confiar, exceptuando mi hermano. No hesité, giré la cara hacia oeste y empecé la carrera, sacrificando sólo unos instantes para arrastrar toda la reserva de comprimidos azules almacenada bajo azoto líquido en la nevera.

La luz lentamente desvanecía por atrás mientras ganaba velocidad adentrándome en las sombras.

Todo estaba apagado, ni una farola, ni una luminaria se divisaban lateralmente a la autopista; delante el vacío negro. Solamente la vuelta se teñía de un tenue reverbero rojo esmeraldino, aclarando plúmbeas maquetas fantasmales amedrentadas, avanzando a tientas, tropezando a oscuras en el entorno.

De verdad, yo también las primeras horas no estaba seguro de nada pero no mis pies, equiparables a un rotor desencadenaban más de 463 m/s de velocidad aumentando.

Luego llegó olor y humo, acto seguido, cenizas y huesos calcinados nadando en un suelo blando similar a una torta de huevos cocida por un lanzallamas. ¡Pero la Transoceánica seguía existiendo! Puro iridio fluctuando arriba de landas hirvientes y fosas marinas vaporizadas.

Seguí andando, años tras años, lamiendo una tenebrosidad totalmente horrorosa. ¡Aunque los tiempos de Dios sean muy largos, todo es posible!

Luego, los sueños se introdujeron vívamente sin que las piernas disminuyeran el impulso, largándose rápidos por las sienes: imágenes sombrías de solas palabras. Trasoñado las percibía despertando: «No te olvides de tu corona de espinas» y también «Desconsolador será ese día tan luminoso».

¡Todavía persigo!

En los siglos he afinado la técnica, marchando a todo correr parecido a un patinete ultrasónico deslizo en el aire casi sin tocar el suelo, a compensar mis piernas, que se han reducido en los años iguales a las de una mariquita.

No me encontraría mal andando, ni me lastima la soledad o el despertar corriendo, cada día hora y segundo voy pulverizando nuevos records, una orgía de gloria a repetirse, y todo eso no lo puedo compartir.

También ahora... también ahora... también ahora... también ahora...

«Preciosa es la vida aunque vivida en las tinieblas, todavía estoy cansado y quiero acostarme».

LA CARTA TRIANGULAR

¡SOY EL DOCTOR SIGMUND Y LE VOY A DECIR QUE USTED HA PERDIDO *ROTUNDAMENTE SU CABEZA!*

Estimado Doctor,
Me llamo Eskaleno, mi planeta es Tricornio, un magnifico planeta piramidal. Todo en este planeta tiene forma angular y todo evoluciona siguiendo las reglas de los cristales, porque es un mundo perfecto y sigue reglas perfectas. Las gotas del mar son perfectamente pentagonales, la grava frente al porche es perfectamente hexagonal y nuestras cabezas son perfectamente triangulares.
 Si tienes que hacer una mudanza es muy sencillo, se pone todo en un sobre bastante grande y se puede enviar por correo.
 Todo está claro porque para hacer el mundo más sencillo entre los cristales, hemos dibujado la vida borrando la tercera dimensión, así que nada es pesado y la gente no tiene doble cara, así que no hay mentiras, así que no hay guerras, así que no hay hambre, ¡así que no hace falta decir nada más!
 Usted es mentiroso, nadie puede decirme que he perdido la cabeza y además con ese adjetivo "rotundamente".
 No la he perdido, la tengo aquí, pendiente entre mis manos. Al fin y al cabo todo el mundo la puede ver, también Usted si lo desea la puede tocar con su varilla, su timbre es perfecto, parecido al cristal.
 Atentamente
 M.P. Triangulo
 Eskaleno - Músico
 P r o f e s i o n a l
 del Planeta
   T   r   i
    c o r
    n i
    o

A MI PADRE

angeli

prime creature ornate di stelle

depongono fiori d'oro con gesto cortese

irrequieti nutrono l'albero della vita

creano l'opera migliore
imperfetta e sublime

e bruciano d'amore

A MI MADRE

aulica g

linnèa di fiori profumata
agamica scrittura armata

segno con punta fina l'azulejo
presagio di volo e movimento degli uccelli
e dulce auspicio

A MI HIJO

pulsar

radiostella sorgente discreta
la mia mente capta la natura cosmica e si acquieta

A MI QUERIDO AMOR

musica di assoluto silenzio

  e umida al tatto

    vicina

      puoi prenderla

        allungando la mano in altri mondi

        e ascoltarla muoversi

        sul dorso della mano

ÍNDICE

Introducción 9
Azulete 13
Los álamos lloran 16
La roca que quería ver el mundo 18
AM 24:30 20
Evento/abstracción 23
¡Papá, papá, socorro! 25
Arturo Piedraverde y las Selenitas (*Bogando hasta la luna*) 27
El pepino redondo 29
El discóbolo 31
Villaflor 33
Cuaderno de esbozos y observaciones (huella 1) 36
La torre 37
El canto de la sirena 39
El atún congelado (*De pesca casi extractiva*) 41
Cuaderno de esbozos y observaciones (huella 2) 44
Evaluar las variables es algo imprescindible 45
El corzo al que le gustaba Mahler 48
Buscando la luz 50
La más bella 52
Desavanzando López 54
Encuentro callejero 57
La dinámica armonía del vuelo silente 59
La vertical 61
El hombre laaargo (*Héroes modernos*) 63
Buscando algo que molestar 66
Código descuento 68

No quiero despertar por la mañana 70
Diciembre..72
Sin falta de caer...74
La gasolinera 76
Contemplando los lirios..79
El buen padre 81
El hombre que no sabía decidir...83
¡Cuidado al elegir una mujer!..85
La montaña 87
El cuento de tinta simpática 89
Los abetos miden hasta 50 metros 91
¿Quizás porque no le gusta ser un hombre?................................93
El Poeta...95
Una lluvia de estrellas 97
Un nuevo Rey 101
90 euros 103
Todos los animales del mundo... 105
Lugares comunes donde el aire es líquido................................ 107
Proyecto EDA 110
Porque la hierba no ha salido verde 113
Hola, ¿qué tal?... 115
Un ramo de rosas, una estrella para encontrar el destino y
un cristal de nieve para congelar el momento 117
El mundo sin color 119
El regalo de Dios *(Cuento erótico)*... 121
El cruce 123
No se puede dibujar en el cielo... 125
Los Inmortales.. 127
Un encuentro oportuno 129
La magnolia con las raíces floridas 131
Un día extraordinario 135
Cuaderno de esbozos y observaciones (huella 3).................... 137
El campo de luciérnagas 138
Cuento de 6 niveles 140
Cuento de 6 niveles revelado.. 141
Érase una vez... 144

Un relato tan breve que casi ni siquiera ha empezado	146
El ciego *(Generación matusalén)*	148
La hormiguita rebelde	151
Océano negro	153
La tentación	155
De donde no llega la luz	157
¿Por qué no?	160
El último deseo	162
¿Pero cuántos Dioses tenemos en el cielo?	164
Es la hora azul	166
La nube	168
Microrrelato	171
El día de la bondad infinita	173
El hombre que no quería jugar a cara o cruz	175
Cuaderno de esbozos y observaciones (huella 4)	177
Mare Monstrum	178
La password	180
El hombre, la mujer y la ciruela roja que no quería ser comida	182
El mosquito	184
¡Cómo podían trabajar con la cabeza abajo!	186
Arturo y el paquete	189
Diccionario Apócrifo — Tomo DXVII *(Definición de términos)*	192
El día que me atrapó la suerte	195
Por el otro lado a la misma velocidad	198
La carta triangular	202
A mi padre	203
A mi madre	204
A mi hijo	205
A mi querido amor	206

www.ingramcontent.com/pod-product-compliance
Lightning Source LLC
Chambersburg PA
CBHW022127080426
42734CB00006B/262